Colonia Esperanza

Annegret Bodemer

Colonia Esperanza

Günther erzählt über
sein Leben nach dem Tod

Die Deutsche Nationalbibliothek verzeichnet diese Publi-
kation in der Deutschen Nationalbibliografie; detaillierte
bibliografische Daten sind im Internet über
http://dnb.dnb.de abrufbar.
© 2015Annegret Bodemer
Herstellung und Verlag: BoD – Books on Demand, Nor-
derstedt
ISBN: 978-3-738611717

Je mehr ich über die Schöpfung, ihre Prinzipien und Ordnung lerne, desto eher kann ich den Sinn und Zweck meines irdischen Lebens erkennen. Dafür bedanke ich mich bei meiner Mutter, die mir dieses Leben schenkte sowie bei meinen Kindern, die es wertvoll machen und insbesondere meinen verkörperten und entkörperten Freunden, die mir helfen meine Erkenntnisse in Handlung umzusetzen.

Inhaltsverzeichnis

Einleitung

A.: Ursprünglich plagten gewisse Ängste meine Gedanken. Bin ich dieser Aufgabe tatsächlich gewachsen? Eine von vielen Fragen, die permanent in meinem Kopf kreisten.

Die Verunsicherungen der letzten Tage konnte ich nach langer Überlegung endgültig ablegen. Plötzlich spürte ich eine tiefe Entspannung, die mein Gemüt wie eine schützende Hülle umgab. Nun konnte ich mich der Aufgabe mit Freude und Gelassenheit stellen.

„Ich muss mich auf unsere non-verbale Konversation vorbereiten, um deine gesendeten Gedanken entschlüsseln zu können. Ich werde mir große Mühe geben, deine Botschaften sinngemäß auf Papier zu bringen."

G.: Die Vorbereitung für dieses Vorhaben hat mich ebenfalls viel Mühe gekostet. Ich musste lernen, meine Vergangenheit zu akzeptieren, mich in eine neue Lebensform zu integrieren und letztlich die Kunst der Übertragung zu erlernen und zu beherrschen. Du weißt, Schreiben war nie meine Stärke. Eine Schule auf der Erde habe ich nie konsequent besucht. Daher musste ich mich im Organisieren meiner Gedanken üben – also, meine Gedanken sammeln und sie Schritt für Schritt loslassen.

Das Verlagen die Eindrucke und Erlebnisse in meiner neuen Heimat, besonders meiner irdischen Familie, zu vermitteln, gewann immer mehr an Priorität und hat mir keine Ruhe gelassen. Um diesen Schritt einzuleiten, durchwanderte ich einen steinigen Weg voller Hürden.

A.: Wie kann ich dich nennen?

G.: Günther. So hat mich mein Vater genannt. Er war der einzige in der Familie. Alle anderen riefen mich mit meinem zweiten Namen.

Zu Beginn möchte ich mich bei dir für deine Bereitschaft bedanken. Es wurde mir mitgeteilt, dass du nicht sofort einverstanden warst. Ängste erschweren unsere Existenz, egal auf welcher Ebene wir sie spüren. Sie begleiten uns nach der Entkoppelung von Leib und Seele und verfügen über einen langhaltigen Einfluss, bis wir sie vollständig ausgestanden und den Grund der Belastung erkannt haben. Bei dir war es, wie so oft in deinem Leben, die Angst vor Ablehnung.

Aber sei dir sicher, dass wir beide die Gnade bekommen haben, belastende Disharmonien aus unserem Leben auszuräumen und zu verzeihen. Diese Möglichkeit wurde uns zugetragen, völlig unabhängig von der Wirkung dieser Schrift nach außen. Zudem wurde meinem Wunsch zugesprochen, meiner Familie und allen, die es wollen, einen winzigen Einblick in die Lebensweise auf der anderen Seite zu gewähren.

Ich möchte noch hinzufügen, dass ich zuvor diverse Versuche anstrebte diese Erzählung ausschließlich meiner irdischen Familie zu übermitteln. Doch ich musste feststellen, dass es nicht realisierbar war. Sie hatten wunderschöne Träume, sahen Bilder meiner neuen Heimat, die ich ihnen immer wieder sendete. Doch nach jedem Tagesanbruch erblassten diese Gedanken, wie eine menschliche Silhouette im nebligen Ambiente.

Daher mussten andere Möglichkeiten gesucht werden bis mir gesagt wurde, du könntest es...

A.: Es ist für mich eine große Ehre. Ich freue mich sehr auf diese Erfahrung und auf alles was du zu erzählen hast. Wie du weißt, bin ich immer gerne gereist. Neue Länder, neue Lebensweisen haben mich stets fasziniert. Nun habe ich die

Möglichkeit deine Welt kennenzulernen. Dafür danke ich dir von ganzem Herzen.

Leverkusen, 27.07.2014

Das Aufwachen

G.: Die Augen wollten sich nicht öffnen. Meine Augenlider fühlten sich an als wären sie aus Blei. Ich strengte mich an, aber sie fielen immer wieder zu. Du kennst dieses Gefühl, wenn ein grelles Licht dich blendet oder wenn du wach wirst aber die Augen sich nicht öffnen lassen. So war es an diesem Tag. Ich wachte auf, die Augen wollten aber nicht. Eine Gestalt kam zu mir und beruhigte mich.

„Entspanne dich...es wird schon...", sprach die sanfte Stimme zu mir. „Ich versuche das Zimmer zu verdunkeln, damit dir das Erwachen leichter fällt", fügte sie hinzu und wandte sich von mir ab.

Sofort umgab mich ein seltsames Gefühl der Geborgenheit.

„Nun, versuche es jetzt noch einmal", sagte die Stimme, von der ich nicht einschätzen konnte, ob sie von einem Mann oder einer Frau kam.

Langsam spürte ich wie meine Augenlider sich bewegten und einen Spalt öffneten. Verschwommen nahm ich wahr, dass sich im Raum andere Menschen aufhielten. Einige Umrisse bewegten sich, andere wiederrum blieben vor mir stehen.

„Lass dir Zeit", sagte die Stimme wieder an meiner Seite. „Wir freuen uns, dass es dir gut geht. Das Erwachen ist immer eine kleine Hürde, die überwunden werden muss. Aber ich versichere dir, keiner ist im Schlaf geblieben."

Er oder sie richtete mich auf, so dass ich halbwegs im Bett saß; gab mir zu trinken und ermutigte mich endlich die Augen zu öffnen.

„Schau nach unten oder dreh deinen Kopf zur Seite. Es wird angenehmer für die Augen, denn das Licht wird abgeschwächt. Versuche es... Wenn es nicht geht, lassen wir es sein und starten morgen einen neuen Versuch."

Ich ließ meinen Kopf auf die Brust fallen und schaute auf die Bettdecke. Es war tatsächlich einfacher. Der Spalt wurde immer größer. Es kostete mich viel Kraft aber ich konnte das weiße Tuch, welches meinen erschöpften Körper bedeckte, erkennen, dann die Gitter am Bett. Anschließend wanderte mein Blick zu meinen Füßen, die sich unter dem Lacken abzeichneten. Nachdem ich mich besinnen konnte, nahm ich einen, an meinem Fußende stehenden Fremden war, der sich gerade verabschiedete.

Erschöpft, drehte ich meinen Kopf zur Seite und sah der Stimme direkt in die Augen. Es war eine junge Frau. Sie trug ein langes, luftiges Gewand, welches bei jeder Bewegung wie eine Feder im Winde flatterte und seine Farbe bei unterschiedlichem Lichteinfall veränderte. So etwas habe ich nie zuvor gesehen oder nie wahrgenommen. Meine Sinne schienen auf dieser Seite des Lebens um ein Vielfaches sensibler zu sein.

„Seltsam", dachte ich.

Mein Kopf war schwer und schmerzte bei jedem Gedanken.

„Geht es jetzt besser?", fragte die junge Frau. „Ich sehe, du hast es geschafft die Augen komplett zu öffnen", fügte sie sanftmütig hinzu.

„Wo bin ich hier?", wollte ich wissen.

„In der Aufwachstation" sagte sie und nahm ein kleines Gefäß vom Beistelltisch. „Ich werde dir diese Salbe auftragen. Dadurch wird das Sehen mit der Zeit schärfer und die Schmerzen werden gelindert. Die Dauer der Regeneration hängt vom Individuum ab. Jeder reagiert anders. Hauptsache ist, dass du ruhig und entspannt bleibst; dir Zeit nimmst zum Aufwachen. Der Prozess des Wachwerdens ist die erste große Hürde für Neuankömmlinge. Aber eines verrate ich dir: jeder muss dadurch! Übrigens, ich bin Schwester Lisa!"

Sie schaute mich an und lächelte. Ihr Gesicht strahlte so viel Ruhe und Vertrauen aus, dass ich mich ihren Worten nicht wiedersetzen konnte. Ich rutschte in die liegende Position zurück und versuchte nachzudenken, aber mein Kopf war seltsam leer. Ich fühlte mich völlig inhaltslos. Losgelöst von jeglichen Erinnerungen und Emotionen. Nichts als Leere.

Der angenehme Duft meines Kissens wiegte mich wieder in den Schlaf.

Zwei Tage später konnte ich die Augen ohne Schwierigkeiten öffnen. Ich hatte mich an das Licht gewöhnt. Das Aufrichten im Bett fiel mir nicht mehr schwer. Nun konnte ich auch Nahrung zu mir nehmen. Ich bekam morgens Brei, mittags Suppe und abends erneut Brei. Zu jedem Zeitpunkt befand sich eine volle Wasserflasche auf meinem Beistelltisch, die mich zum Trinken anregen sollte. Nach jedem Schluck, merkte ich, wie mein Körper sich darauf freute. Beim ersten Versuch, das Bett zu verlassen, knickte ich ein. Meine Gliedmaßen gaben nach als hätte ich jegliche physische Stabilität verloren. Zum Glück war der Pfleger nicht weit.

„Es ist noch zu früh um das Bett zu verlassen", sagte er und setzte mich zurück. „Hab noch etwas Geduld. Ab morgen werden wir das Aufstehen üben. Erst das Aufwachen, dann das Aufnehmen von Nahrung, dann das Aufstehen. Was danach kommt, hängt von dir ab."

Der Pfleger war groß und kräftig. So wie man sich einen trainierten Physiotherapeuten vorstellt. Wir vereinbarten das Training jeden Vormittag, zwischen Frühstück und Mittag. Und so war es auch. Er kam meistens zur gleichen Zeit. Zuerst ließ er seine großen Hände über mein Gesicht schweben. Obwohl es keine Berührung gab, spürte ich eine ungewöhnliche Energie, die durch meine Augen in meinem Körper hineinströmte. Anfangs war es unangenehm, ein seltsames und ungewöhnliches Gefühl. Mit der Zeit spürte ich die wohltuende Heilung. Jede Behandlung war nun eine Stärkung für meinen Geist.

Danach bewegte er meine Füße, Beine und Arme; massierte mir den Kopf und das Genick. Zu allerletzt streifte er, ohne mich zu berühren, einen sonderbaren Stab über meinem Körper. Dieser funkelte wie ein einsamer Stern am Himmel und wechselte, abhängig von der Körperstelle, seine Farbe. Dabei wirkte der Stab wie ein leuchtender

Regenbogen, der den mühsamen Versuch anstrebte eine triste Landschaft auszuleuchten.

Der Therapeut war wortkarg und machte seine Arbeit sehr konzentriert. Sobald er fertig war, legte er die Hände auf seine Brust, schloss die Augen, forderte mich auf ihn nachzuahmen und versank in eine tiefe Entspannung. Später erfuhr ich, dass es ein Gebet war, eine Danksagung an allen Helfer und Helferinnen für die geleistete Arbeit. Nach den Behandlungen war ich immer sehr entspannt und gelöst, hatte keine Schmerzen, kein Unwohlsein, keine Beklemmung. Alles war gut und ich war ein Teil dieses Gefüges, dieses Ganzen.

Ein paar Tage später konnte ich die Füße auf den Boden setzen und stehen. Die Knie hielten stand und schon bald konnte ich die ersten Schritte wagen. Erst von dem Pfleger gestützt, dann alleine, mich am Bett haltend, bis ich voller Mut den Weg zum Fenster zurücklegte. Schwester Lisa kam jetzt nur einmal am Tag vorbei und war sichtlich erfreut über meinen Fortschritt.

„Bald wirst du diese Station verlassen. Ich freue mich sehr, dass du alles so gut und schnell überstanden hast. Wir wissen, wie schwer die erste Zeit bei uns ist..."

„Jetzt, nachdem ich mich an allem gewöhnt habe soll ich gehen?", fragte ich.

„Ja! So ist es im Leben. Wir gehen durch viele Stationen, müssen unzählige Hürden bewältigen, viele Ängste durchstehen, um irgendwann im Licht aufzuwachen. Und gerade diese letzte ist einer der schwierigsten Unternehmungen, die wir leisten. Unsere Patienten befinden sich unter Schock, wenn sie hier ankommen. Der Vorbehalt, die Unwissenheit, das fehlende Vertrauen erschwert unsere Arbeit und somit die Genesung. Es vergeht wertvolle Zeit bis ein Patient bzw. sein Körper so entspannen kann, dass er unsere Hilfe und Medikamente annehmen kann. Wir alle wünschen uns eine Veränderung in dieser Hinsicht und sind diejenigen dankbar, die es leichter schaffen", sagte Schwester Lisa sichtlich gerührt.

Sie machte eine Bewegung, als ob sie die Gedanken abschütteln wollte und fügte hinzu:

„Du wirst bald begreifen, wie schön das Leben ist; wie schön es ist hier zu sein... Ich freue mich über jeden Patienten, der diese Station verlässt. So auch für dich. Und... ich bin gekommen um dir zu sagen, dass es gleich morgen sein wird."

Sie ging zur Tür, machte als Abschiedsgruß eine Handbewegung und verließ das Zimmer ohne sich umzudrehen.

Die Ankunft

G.: Angst begleitet mich schon mein ganzes Leben. Als meine Mutter verstarb – deine Großmutter – war ich siebzehn und der älteste Sohn. Die Last der Verantwortung auf meinen Schultern war enorm. Zu groß für einen Knaben meines damaligen Alters. Sie erdrückte mich. Keiner konnte wissen, was in mir vorging; jeder innerhalb der Familie war mit sich selbst beschäftigt und versuchte seinen Ängsten Herr zu werden. Aber dies erkenne ich erst jetzt; erst seit meinem Aufenthalt in der Aufwachstation habe ich die Möglichkeit erkannt, die Dinge ohne die Beteiligung von Emotionen und den Einfluss des Verstandes betrachten zu können.

Keiner konnte die Ängste erahnen, die sich in mir als Flüchtlingskind ausbreiteten. Gewaltige Ängste begleiteten mich als Vater nicht aus dem Krieg zurückkehrte, als wir gezwungenermaßen des vertraute Heim verlassen mussten, als wir das Schiff in einer unbekannten Welt und somit in ein ungewisses Leben betraten. Als der furchterregende Unfall meine Schwester – deine Mutter – lähmte, lähmte er uns alle.

Wir versuchten, das Leben so anzunehmen wie es kam, ohne uns daran zu beteiligen. Die Angst lähmte uns. Und als Mutter im Sterben lag, hatte auch sie große Angst. Nicht weil sie das materielle Kleid nicht ablegen konnte, sondern weil sie eine Horde ängstlicher Seelen zurücklassen würde, besonders die kleine Enkelin – dich.

Die Traurigkeit, die mich in diesem Moment überwältigt, ist in der Erkenntnis begründet, dass die Menschen sich wie ein Stück Treibholz im Fluss des Lebens treiben lassen. Die Eigenschaften des Flusses bestimmen den Weg und die Chancen zum Überleben.

Ohne Halt lassen wir uns von dem Lauf des Flusses lenken, in der Hoffnung, dass alles gut wird. Meine Ängste wurden nie weniger. Sie verstärkten sich mit der Zeit, fanden Grund und Boden in meinem Verstand. Dieser alles bestimmende Verstand unterdrückt die Belange der Seele, so dass sich die Ängste mehr und mehr manifestieren können.

Das Verfassen dieser Schrift ist die größte Gnade, die Gott mir durch die Liebe seiner Helfer gewährt hat. Nun habe ich die Möglichkeit mich in aller Form bei allen Menschen, denen ich Leid, Kummer und Schmerz zugefügt habe, um Vergebung zu bitten. Nichts rechtfertigte mein Verhalten.

Die Ängste machten aus mir einen Getriebenen, einen Verfolgten, einen Flüchtling, so wie in meiner Kindheit – jetzt nur kräftiger, überzeugter, erwachsener. Als Kind waren Verlustängste permanent präsent; als Erwachsener entwickelten sie sich zu Versagensängsten; im Alter waren beide die treibende Kraft zuzüglich der, welche mein Verstand von Zeit zu Zeit erschuf. Ich bin der Flüchtende aus der Kindheit geblieben... Ich suchte Zuflucht in der Ehe und im Kinderreichtum; ich flüchtete aus der Großstadt und vor mir selbst.

Aus einigen Lebenserfahrungen konnte ich Lebensmut schöpfen, dennoch suchte ich weiter nach innerem Frieden. Ich flüchtete in die Religion, in den Glauben. Dort habe ich Halt gefunden. Die Richtlinien gaben mir eine Richtung, und mein Vertrauen wuchs stetig an. So sollte es sein; dies hatte ich gesucht. Ich begab mich auf einen Pfad, der sowohl meine Verhaltensweise als auch moralische Einstellung bevormundete und mir zeigte was „Richtig" und „Falsch" sei.

Die Welt ist ein Teufelswerk! Dies war damals die wichtigste Lektion. Frauen, mit ihren Reizen zwingen die Männer zu unsittlichen Gedanken. Medien wie Radio, Fernseher, Zeitschriften zwingen die Menschen, alles zu begehren, was Sünde ist. Menschen, die eine fortschrittliche Lebensweise führen, sind gefährlich...

Der Glaube an die Richtlinien meiner Religion gab mir Kraft. Ich musste, ich wollte meine Familie davor schützen: vor dem Sündenfall. So wurde ich strenger, bestimmender, jähzorniger bei dem kleinsten Widerstand.

Es macht mich heute traurig zu erkennen, wie manipulierbar die Menschen sind, wenn sie sich treiben lassen und sich an den ersten rettenden Zweig festhalten, ohne den Wald um sich zu beachten, ohne das Ausmaß des Ganzen zu realisieren. In meinen Verstrickungen habe auch ich nur diesen einen Zweig wahrgenommen voran ich mich fest hielt und glaubte den richtigen Weg eingeschlagen zu haben.

A.: Wann und wie bist du zu dieser Erkenntnis gekommen?

G.: Einige Zeit nachdem ich meinen materiellen Körper verlassen hatte.

A.: Möchtest du über diese Zeit berichten?

G.: Die Erinnerung, die ich nach dem Unfall habe, beschränkt sich darauf, dass ich erst einmal in einer Art Benommenheit fiel. Alles war verschwommen und eigenartig. Ich fühlte mich wie in einem schwarz-weißen Film mit Zeitraffer. Alles war neblig und bewegte sich ganz langsam, abgehackt. Die Stimmen waren verzerrt, unverständlich.

Dann schlief ich ein... und träumte. Träumte von meiner Kindheit; von Zuhause; wie wir Kinder Unsinn machten; wie wir lachten und tobten; träumte von der langen Schiffsreise nach Brasilien und wie ich mir die neue Heimat vorstellte. Manchmal träumte ich nicht, sondern befand mich einsam und alleine in einer Gegend, die ich nicht kannte. Eine weite Ebene ohne einen Baum, ohne einen Hügel, ohne Tier und ohne Mensch. Nur ich befand mich dort in dieser Wüste aus roter Erde.

Es war weder Tag noch Nacht. Das Licht war gedämmt wie bei Sonnenaufgang, aber die Sonne selbst ging nie auf. Ich wanderte so lange bis ich müde wurde. Mein Kopf schmerzte und meine Beine konnten mich nicht mehr tragen. So legte ich mich hin und schlief. Ich schlief im Schlaf. In diesem Zustand dachte ich oft an meiner Familie. Wo war sie? Warum war sie nicht bei mir? Ich fühlte mich gefangen, eingesperrt, unfrei in dieser Weite.

Ich erinnerte mich an die Tage, an denen ich mit Frau und Kindern zum Gottesdienst ging; an die Menschen, die ich dort traf und an deren Begrüßung. Wir nannten uns Schwester und Bruder und ich fühlte mich dort als Teil einer großen Sippschaft. An sie habe ich gedacht; an sie und an das stolze Schreiten mit der Bibel unter dem Arm zum Haus Gottes; und an das Gefühl, welches mich dabei überwältigte.

A.: Hast du Schuldgefühle?

G.: Was bedeutet Schuld? Ist ein Löwe für das Erlegen seiner Beute schuld an ihrem Tod? Er ist der Verursacher, aber ist er schuldig? Wem und was schuldet er? Er muss seine Nahrung jagen, erlegen und fressen, um für seine Nachkommen zu sorgen. Er kennt nichts anderes. Kann ein Mensch für eine Tat schuldig gesprochen werden, die er unter der absoluten Überzeugung ihrer Wahrhaftigkeit begeht?

Wenn ich zu Lebzeiten im materiellen Körper die Erkenntnis gehabt hätte, die ich heute habe, hätte ich anders gehandelt. Dennoch bin ich traurig zu erkennen, was mein Tun für Konsequenzen hatte. Konsequenzen für mich, für meine Mitmenschen, für meine Familie. Ich bin sehr dankbar für die göttliche Gnade, die uns allen geschenkt wird.

Für die Gnade der Erkenntnis, der Vergebung und des Fortschrittes.

A.: Du hast erzählt, du bist eingeschlafen und in der Aufwachstation zur Besinnung gekommen. Wie bist du dahin gekommen?

G.: Eines Tages meinte ich die Stimme meines Vaters zu hören. Ich schaute mich um, sah aber niemanden. Nichts hatte sich verändert. Ich hörte sie noch einmal, lief herum, schreiend „Vater, wo bist du?" und plötzlich war ich der kleine Junge, der seinen Vater verehrte und vermisste. Unter Tränen vernahm ich die laute Stimme in meinem Kopf, die mich streng ermahnte: „Sei still, Junge! Hör jetzt mal gut zu!".

Ich hielt meinen Kopf fest, als wollte ich die Stimme mit beiden Händen festhalten und nie wieder loslassen. „Beruhige dich. Freunde werden dich holen. Du wirst einen Strahl sehen; dorthin bewegst du dich. Schau nicht zurück. Geh immer dem Strahl entgegen. Auch wenn du mich nicht siehst, spürst du, wie ich deine Hand halte. Sei ein braver Junge...Spürst du meine Hand?"

„Ja, Vater", sagte der kleine verängstigte Junge. Und die Tränen rollten über seine Wangen.

So hielt ich die Hand meines Vaters und Schritt dem Strahl entgegen. Ich, sein Junge und ganzer Stolz.

A.: Weißt du, warum er sich dir nicht gezeigt hat?

G.: Einige Zeit später habe ich meinen Betreuer diesbezüglich gefragt, und er erklärte mir, dass Vater sich auf ein neues Leben auf der Erde vorbereite und sich nicht mehr verdichten könne. Ich erfuhr auch, dass die visuelle Erscheinung meines Vaters für noch mehr Verwirrung sorgen würde. Menschen hören die Botschaften ihrer verstorbenen Angehörigen und beharren darauf sich das eigebildet zu haben. Sie vertrauen sich nicht; sie vertrauen ihren eigenen Erfahrungen nicht und möchten dennoch glauben Gott nahe zu sein. Was für ein Irrtum!

A.: Was passierte dann, als du diesem Strahl folgtest?

G.: Ich, in der Gestalt eines kleinen Jungen, hielt an der führenden Hand fest und ging dem Strahl nach. Ich assoziierte das Licht mit einem Sonnenstrahl, der sich durch eine dichte Wolkendecke kämpfte, um mit seinem Antlitz Hoffnung am Horizont aufblitzen zu lassen. Alles war verdunkelt, nur der Strahl leuchtete und zeichnete einen Weg, der zur Eingangsstelle hin immer schmaler und leuchtender wurde, bis ich aufgrund der Lichtintensität nicht mehr direkt hinschauen konnte.

Je näher ich diesem Punkt kam, desto freudiger, vertrauensvoller und ruhiger wurde ich. In diesem Augenblick wusste ich, dass alles gut werden würde und dass ich keine Angst mehr haben brauchte.

A.: Wie fühlte sich dieses Licht an?

G.: Als ich den hellsten Punkt erreichte, war ich im Nichts. Anders kann ich es nicht ausdrücken. Ich war schwerelos, schwebte in einem lichterfüllten Raum, in wohliger Wärme. Es blendete mich nicht mehr; meine Augen mussten sich nicht mehr an das Dunkle oder Helle anpassen, denn alles war hell. Wie in einer Lichtblase oder vielmehr einem Lichtuterus – das ist passender – fühlte ich mich aufgehoben.

A.: Ich muss dich an dieser Stelle mit einer Bemerkung unterbrechen.

Deine Ausdrucksweise erstaunt mich. Ich habe dich als einen rauen, nicht romantischen oder poetischen Menschen kennengelernt. Wenn ich es mir überlege, sah ich dich nie ein Buch lesen, ausgenommen wenn ich dich mit meinen Komikheftchen erwischte. Von deiner Glaubensgemeinde verboten, waren sie eine willkommene Verlockung. Heimlich beobachtete ich dich, schmunzelte und amüsierte mich, wie du dabei lachtest. Das waren die wenigen Augenblicke, in denen ich dein wahres fast kindliches Gemüt erfassen konnte.

Nun, wie kommst du zu dieser Ausdrucksweise?

G.: Hier lernt man viel.

Wenn die raue Schale der Materie abgeworfen wird und wir durch das Lernen, Erkennen und Umsetzen zu leichteren, feineren, feinfühligen und liebenden Wesen transformieren, dann verändert sich auch die Ausdrucksweise.

Die Transformation geschieht von der äußeren Schicht hin zum inneren Kern. Im Kern sind wir göttliche Wesen. Bei manchen ist dieser Kern so winzig, wie die kleinste Einheit, die die Menschen kennen; bei anderen, etwas ausgeprägter im Nanobereich; bei anderen wiederum mikroskopisch klein, usw. Je mehr Schichten abgelegt werden, desto größer bzw. strahlender erscheint der Kern. Somit treten mehr und mehr göttliche Eigenschaften nach außen, wodurch sich die Sprache analog entwickelt.

A.: Danke für die Erklärung. Du warst in dem Lichtuterus. Was geschah dann?

G.: Ich verlor jeden Bezug zur äußeren Welt. Hier war ich in einer sehr wohltuenden Umgebung. Ich spürte nichts, nahm nichts wahr. Ich schwebte und fühlte mich wohl, wie ein Astronaut in der Schwerelosigkeit.

Mit der Zeit bemerkte ich, dass sich Umgebung veränderte, oder dass ich mich veränderte. Die Lichtblase wurde enger. Ab und an nahm ich Schatten wahr und Stimmen sprachen ermutigende Worte in meinem Kopf. Manchmal floss starke Energie durch die Lichtblase, die sich um mich wie eine zweite Haut legte. So ging es eine Weile, bis ich eines Tages eine Stimme hörte, die mir sagte: „Öffne die Augen. Aber ganz langsam".

Das Domizil

A.: Ich sehe dich auf einer Terrasse; eine Art Pergola bedeckt von einer Rankenpflanze. Ihre Blüten sind zweifarbig: gelbe Blüten mit einem markanten Kern in Lila, und lila Blüten mit einem strahlenden gelben Kern. Das, was ich von der Terrasse sehen kann, ist weiß gestrichen. Das Material sieht wie Holz aus. Möchtest du diese Umgebung beschreiben?

G.: Das ist ein Teil des Domizils. Hier habe ich mich gerne aufgehalten. Auf der Terrasse hatte ich Zeit, mich von meiner Reise zu erholen, über mich nachzudenken und über das, was wir auf der Erde Leben nennen.

Ins Domizil kam ich, als ich die Aufwachstation verlassen hatte. Schwester Lisa hat mich hierher begleitet und mir alles gezeigt und erklärt. Auf der Erde wäre es eine Art betreutes Wohnen. In Colonia Esperanza, ist es der erste Schritt zur Eingewöhnung. Wer hier wohnt, hat ein schönes

Zimmer, einfach eingerichtet, aber sehr gemütlich. Anstatt Fenster gibt es eine zweiflüglige Tür, die zur Terrasse aufgeht. Die Bewohner haben einen geregelten Tagesablauf. Die Mahlzeiten werden im gemeinsamen Speiseraum eingenommen. Der Austausch zwischen Bewohnern ist ein sehr wichtiger Aspekt und es wird großen Wert darauf gelegt. Jeder Neue im Domizil wird vorgestellt und sofort in eine Gruppe aufgenommen. Im Rahmen dessen meldet sich eine Gruppe freiwillig, um dem Neuen zur Seite zu stehen und ihm bei der Eingewöhnungsphase behilflich zu sein. Das Gefühl, ein Fremder zu sein, hält nicht lange an. Es findet eine Art Symbiose statt; so etwas wie: meine Gedanken sind deine Gedanken; das, was ich fühle, fühlst du auch. Es herrscht ein so großes Verständnis für einander, als ob die Gruppe ein Ganzes wäre.

Ich überlege gerade, wie schön es wäre, wenn wir diesen Zustand bereits auf Erden realisieren könnten.

In jedem Zimmer liegen ein paar Bücher, Mal- und Schreibutensilien sowie Spiele bereit, womit wir uns in den freien Stunden beschäftigen können. Die Gruppe trifft sich regelmäßig. Wir tauschen uns aus, spielen oder lesen gemeinsam. Besonders das gemeinsame Lesen ist eine tolle Erfahrung, weil wir uns direkt über ein Thema austauschen können. Jeder von uns wächst durch die Erfahrung des anderen. Ich habe dadurch gelernt nicht nur zu geben, sondern auch Hilfe anzunehmen. Das ist viel schwieriger.

Am Anfang saß ich still und beobachtete die anderen. Ich hatte das Gefühl, nichts beitragen zu können, denn das, was mir über mein Leben bewusst wurde, war beschämend und wertlos. Doch als ich die Geschichte der anderen hörte, wurde mir klar, meine Geschichte war doch nicht so abartig. Wir hatten ähnliche Erderfahrungen gemacht. So wurden wir Freunde.

Anfangs wusste ich nicht, was ich mit meiner freien Zeit machen sollte und war froh, einen geregelten Tagesablauf zu haben. Täglich nach dem Frühstück kam Rique zu mir. Er heißt eigentlich Henrique und ist mein Betreuer – der Verantwortliche für meine Eingewöhnung. Er hat ein sympathisches Wesen. Was sage ich da... alle hier sind sympathisch und freundlich. Und trotzdem kommt man mit dem einen besser aus als mit dem anderen.

Rique erzählte mir, dass er mich am Ende des Strahls empfangen hat und mich seitdem begleitet – auch wenn ich ihn nicht wahrgenommen habe. Er kennt mich, meine Geschichte, meine Traurigkeit, meine Höhen und Tiefen. Oft mussten wir nicht sprechen, um eine Unterhaltung zu führen.

Er ermutigte mich, meine Empfindungen den anderen gegenüber zu offenbaren, um so Trost zu gewinnen. Ich spürte die Trauer innerhalb meiner irdischen Familie, ihren Schmerz, aber ihnen helfen, konnte ich nicht. So war ich froh an diesem schönen Ort weiterleben zu können. Zwiespalt...

Eines Tages fragte ich Rique, ob ich nicht zu meinen Angehörigen sprechen dürfte, so dass sie erfahren, dass ich weiter lebe, dass sie ihre Traurigkeit und Verzweiflung ablegen können, weil sie wissen, dass er mir gut geht.

„Die Dualität endet nicht auf der Erde", erklärte er mir.

„Wir befinden uns noch im Energiefeld der Erde mit all ihren Eigenschaften, in der sogenannten Aura. So, wie der Mensch einige Energieschichten um seinen göttlichen Kern hat, so auch der Planet seiner Herkunft. Alle Eigenschaften der Erde sind auch hier zu finden, jedoch in einer sehr abgeschwächten Form. Der Unterschied liegt einfach an der Schicht, in der wir uns aufhalten. Je entwickelter, desto lichtvoller, leichter, ätherischer.

Auf der Erde ist der Übergang zwischen Hell und Dunkel sehr hart. Hier ist der Übergang fließend, wie die Farben des Regenbogens, die, ohne eine Grenze zu bilden, in eine andere übergehen. Hier ist die Nacht nicht so dunkel und der Tag hell obgleich nicht blendend. Wir können den Mond und die Sterne sehen, jedoch keine Sonne".

„Warum können wir die Sterne und den Mond sehen, aber die Sonne nicht?", fragte ich.

„Weil wir uns mit unseren Brüder und Schwestern, die in anderen Welten leben, verbinden sollen."

„Und wie soll das geschehen?"

„Durch die Kraft der Gedanken. Die Energie der Gedanken ist ein Teil der gestaltenden Energie unseres Universums. Immer wenn jemand zum Himmel schaut, seine Schönheit bewundert und über seine Unendlichkeit staunt, sendet er positive gestaltende Energie aus, die sich mit allen anderen guten Gedanken vereint und die irgendwo ankommt und Veränderungen verursacht.

Sei dir sicher, dass schon das Hinschauen, die Wahrnehmung eines Sternes, eine große Aktion ist. Die Menschen auf der Erde sind nicht isoliert. Das ganze Universum ist durch die gleiche Kraft miteinander verbunden – so, wie alle Bewohner des Meeres durch das Wasser miteinander verbunden sind. Sie leben in der Kraft des Wassers, sowie die Menschen in der Kraft der Luft leben. Es scheint kompliziert, ist es aber nicht, wenn wir anstelle der Luft an das lebenspendende Wasser denken, welches sowohl sichtbar als auch greifbar ist.

Doch wir wissen nicht, wie die Bewohner des Wassers ihren Lebensraum empfinden. Und da die Menschen sich an die Luft angepasst haben, meinen sie, nicht im Wasser leben zu können, obwohl Wasser aus Bestandteilen der Luft besteht. Genauso geschieht es mit Geist und Materie. Es ist nur eine Frage der individuellen Anpassung, die bei den einen kürzer und bei dem anderen länger braucht".

Wir gingen nebeneinander durch den angrenzenden Park. Ich erkannte, wie viel ich zu lernen hatte, und das konnte nicht von heute auf morgen geschehen.

A.: Hast du die Möglichkeit bekommen mit deiner irdischen Familien in Kontakt zu treten?

G.: Rique sagte mir, dass ich mich auf die Terrasse setzen und an meine Familie denken sollte. Wie bei einer Meditation sollte ich mich dann von Gedanken befreien und mich auf die aufkommenden Bilder konzentrieren.

Anfangs habe ich nur Schatten gesehen, aber mit der Übung wurden die Schatten immer deutlicher. Ich spürte nicht nur ihre Traurigkeit, sondern sah sie auch. Ich sprach zu ihnen:

„Hört mal, mir geht es gut! Ich lebe! Seid nicht traurig". Aber sie dachten zu träumen. Der einzige, der mich hörte und meine Stimme erkannte, war Jorge, mein Schwiegersohn. Zu ihm sagte ich:

„Jorge, sag den anderen, dass ich in einer schönen Welt weiter lebe und dass es mir gut geht."

Als Jorge die Botschaft überbrachte, waren sie überrascht und jeder für sich glaubte auf seine Weise daran. Dies hat mir sehr geholfen und mich für den neuen Lebensabschnitt befreit.

Auch solche Gespräche finden im Domizil statt. Auf diese Weise werden wir an das neue Leben herangeführt und können uns behutsam anpassen. Die Erkenntnis ist der Weg; das Ziel ist die Umsetzung. In unserer Entwicklung lernen wir durch Erfahrung unsere Talente einzusetzen. Durch die Erfahrung anderer, lernen wir Wissen zu sammeln. Einen Teil davon wenden wir an, sobald wir erkennen, dass die Erfahrung eines anderen von uns angenommen oder vermieden werden kann, weil wir uns in einer ähnlichen Situation befinden. Das Wissen allein bringt mich nicht weiter. Ich muss tun; ich muss Wissen umsetzen, damit Veränderung stattfinden kann.

Das Domizil ist ein Ort, in dem wir anfangen uns unserem Wesenskern anzunähern. Ich meine, jedes Mal, wenn ich in den Spiegel schaue, sehe ich eine kleine Veränderung. Der Spiegel zeigt mir, wer ich bin, und nicht, wer ich meine zu sein.

Als ich das erstemal an den Spiegel herangeführt wurde, sah ich eine triste Gestalt. Obwohl ich mich sehr wohl fühlte, zeigte mein wahres Ich, dass noch viel zu erkennen und zu tun war. Mit jedem Tag wurde es etwas besser, denn eine Kleinigkeit veränderte sich. Heute schaue ich gerne hinein, denn das Innere und das Äußere sind ausgewogen und befinden sich im Einklang.

Hier habe ich gelernt ich zu sein. Das, was ich bin, zeige ich mit Würde. Es ist unwichtig ob ich klein, groß, dunkel oder hell bin; dick oder dünn; Mann oder Frau. Wichtig ist das, was ich ausstrahle. Die Neunankömmlinge strahlen nicht oder zu wenig. Daran kann man schon sehen wer unsere Hilfe benötigt. Gerade diejenigen, die uns abweisen, brauchen uns bzw. unser Strahlen am nötigsten.

A.: Wie lange war dein Aufenthalt im Domizil?

G.: Zeit ist eine Einheit für die Menschen auf der Erde. Hier spielt Zeit keine Rolle. Ich kann sie auch nicht präzise in Monaten, Jahren oder Stunden ausdrücken. Der Bezug dazu ist verloren gegangen.

Hier fing ich an zu lesen und habe es hin und wieder mit Pinsel und Farbe versucht. Ich genoss die Treffen mit der Gruppe, die Gespräche mit

Rique und spürte die Veränderung in mir. Ich musste nicht mehr kräftige Nahrung zu mir nehmen. Leichte Kost war mir lieber bis ich komplett auf Obst und Gemüse umstieg.

Es bleibt uns überlassen, wenn wir soweit sind die grobe Hülle, die noch an uns haftet, komplett abzulegen. Wir bringen alle Gefühle, Eigenschaften, Schmerzen und Nöte mit. Nur sehr langsam sind wir in Lage, diese abzugeben. Schmerzen sind die ersten, da sie an unserem Geistkörper anhaften. Wir müssen lernen loszulassen.

Als ich mich integriert und angekommen fühlte, fragte ich Rique nach einer Beschäftigung. Die neue Kraft wollte ich auch der Gemeinschaft zukommen lassen. So kam es dazu, dass ich kleinere Aufgaben im Küchendienst übernahm.

A.: Erklär mir das mit der Nahrung. Ist es feste Nahrung wie auf der Erde? Wird das Essen gekocht? Wird das Obst und Gemüse geerntet?

G.: Obst und Gemüse haben eine materielle Struktur, wie alles was man hier sieht. Auch das Gras, die Bäume, die Häuser oder Straßen. Diese Strukturen können nicht mit den groben Strukturen auf der Erde verglichen werden, zumal wir, die Bewohner, auch eine andere Struktur haben. Aber das Gefühl zu essen, satt zu sein oder durstig und hungrig, ist anfänglich identisch. Wir finden hier alle Tiere – Nutz- und Wildtiere – wie auf der Erde. Hier werden sie als mitwirkende und mitgestaltende Geschöpfe unserer Welt erkannt. Tierische Erzeugnisse gibt es nicht. Jemand, der gerne Fleisch gegessen hat, bekommt hier ein „vegetarisches Steak", wenn sein Bedürfnis danach sehr groß ist. In der Regel verliert man relativ schnell diese Abhängigkeit. Noch schneller und einfacher ist es, wenn wir uns schon vorher damit auseinander gesetzt haben.

Also, so wurden mir immer mehr Aufgaben zugewiesen – so, dass ich bald nur zum Schlafen in mein Zimmer ging. Die Gruppe verteilte sich auch, denn jeder hatte eine Beschäftigung. Doch wir trafen uns am Abend und versuchten die Freizeit gemeinsam zu gestalten.

Im Küchendienst lernte ich neue Freunde kennen und deren Freunde. So wurde der Freundeskreis immer größer. Interessanterweise kamen diejenigen zusammen, die sich in irgendeiner Form ergänzten und wichtig füreinander waren. Der Entwicklungsprozess ist unaufhaltsam.

Eines Abends kam Rique zu mir in Begleitung einer Frau. Es war Nair. Klein, gedrungen mit lockigem Haar und einer roten Brille auf der Nasenspitze. Sie saß so tief, dass Nair immer darüber schaute. Später, als wir uns besser kannten, fragte ich sie:

„Warum die Brille?"

„Weil es mich strenger aussehen lässt!", antwortete sie.

In Wirklichkeit brauchte sie keine, aber weil sie ein so gutes Herz hatte, so weich und freundlich, dass jeder sie um den kleinen Finger wickeln konnte, trug sie die Brille, in der Hoffnung, dies zu kaschieren.

An dem Abend erzählte Rique, dass Nair die Schreinerei bzw. die Schreinerwerkstatt leitet und, dadurch, dass einer ihrer Helfer neue Aufgaben übernahm, ein Platz frei geworden war. Und da sie alle sehr zufrieden mit meiner Entwicklung waren, wäre ich in der Lage, größere Verantwortung zu übernehmen. Aber selbstverständlich nur, wenn ich mich dazu bereit fühlte. Wenn ja, bedeutete es, dass ich das Domizil recht bald verlassen und in der Nähe der Schreinerei meine Unterkunft beziehen würde.

„Du musst uns nicht direkt eine Antwort geben", sagte er. „Wir möchten nur, dass du darüber nachdenkst, ob du dich bereit fühlst, diese geschützte Umgebung des Domizils zu verlassen und dich in die Kolonie zu integrieren."

Bis dahin, waren das Domizil, seine Häuser und Gärten, der kleine See in der Mitte, mein Zuhause. Ich hatte überhaupt niemals daran gedacht, dass es nur ein Teil einer größeren Stadt ist.

„Werde ich mich zurecht finden?", dachte ich. „Ist sie so groß wie die Städte auf der Erde? Macht sie einsam?"

„Wir erwarten keine Zusage von dir. Nur eine Antwort", sagte Nair und streckte mir die Hand zum Abschied entgegen. „Ich komme in zwei Tagen vorbei".

Ich hatte Angst. Die Gefühle aus dem Leben auf der Erde wuchsen und nahmen in mir Platz, wie ein unbequemer Gast. Obwohl ich sie schon lange nicht mehr gespürt hatte, erkannte ich sie als die gleichen aus meiner Kindheit und danach. „Wie soll ich es schaffen?" fragte ich mich immer wieder.

Ich schaute wieder in den Spiegel. Der, den ich sah, war nicht mehr die traurige, in sich gefallene graue Gestalt aus vergangener Zeit.

„Das bin ich jetzt!" sagte ich zu mir. „Und nicht das verängstigte Kind, welches seinen Vater vermisste, seine Mutter verlor und seine Heimat verlassen musste".

Sofort spürte ich, wie aus Angst Dankbarkeit und Zuversicht wurde. Gestärkt in Gottes Vertrauen und geheilt, wenn auch nur ein Stückchen wei-

ter geheilt, erkannte ich, dass die Gelegenheit gekommen war Veränderungen zu wagen und anzunehmen. Ohne Veränderung schreiten wir den gleichen Weg immer auf und ab. Ohne Veränderung,
kein Fortschritt.

Colonia Esperanza

G.: Nair kam wie verabredet zwei Tage später. Sie freute sich sichtlich über meinen Entschluss, das Domizil zu verlassen.

„Es wird noch ein Weilchen brauchen, bis alle Vorbereitungen abgeschlossen sind", sagte sie. „In dieser Zeit wirst du von deinem Dienst in der Küche befreit und kannst die Kolonie kennenlernen. Wir werden dir alles zeigen, damit du dich nicht *verläufst*", erklärte sie und lachte. In meiner Aufregung spürte ich, dass etwas nicht stimmte, wusste aber nicht was.

„Warum lachst du?", fragte ich irritiert.

„Hier kann man sich nicht verlaufen. Der leichtere, feinfühlige Körper reagiert wie ein Kompass, der immer die richtige Richtung einschlägt. Das konntest du nicht wissen. Aber lustig ist es schon..."

„Hm!", dachte ich, „auch hier wird gescherzt."

„Hab Freude Neues zu entdecken", fügte sie hinzu, „und sei nicht allzu streng mit dir. Morgen werden Tomas und Gabriel dich in die *Stadt* begleiten. Nun muss ich gehen."

Sie strecke mir die Hand zum Abschied entgegen und verabschiedete sich. „Bis bald in deiner neuen Unterkunft."

Nair war eine angenehme Erscheinung; obwohl bestimmend, nicht unfreundlich. Was sie sagte, wurde umgesetzt. Sie ließ keinen Raum für Diskussionen. Und doch, unerwartet, machte sie solche Späßchen wie vorhin. Dies lockerte die Beziehung zu ihr. Dabei konnte ich mir die Arbeit in der Schreinerei überhaupt nicht vorstellen.

„Wozu braucht man hier eine Schreinerei, wenn es keine Materie gibt?", fragte ich mich und wartete gespannt und freudig auf den nächsten Morgen.

Tomas war ein Mann, der Weisheit ausstrahlte. Sein weißes volles, nach hinten gekämmtes Haar schmückte sein Gesicht, wie der edle Rahmen eines Gemäldes. Er hatte blaue Augen und den majestätischen Gang einer Giraffe.

A.: (Lacht!)

Entschuldige, aber ich kann nicht anders. Ich stelle es mir bildlich vor!

G.: Versteh mich nicht falsch!

Hast du schon den Gang einer Giraffe beobachtet? Es gibt kein Tier, das so erhaben dahin schreitet wie eine Giraffe.

So war Tomas: aufrecht und elegant. Manchem könnte er sogar hochnäsig vorkommen. Aber das war er nicht. Er war vertrauenserweckend und offen. Dagegen war Gabriel klein, dünn, fast dürr. Ein junges energiegeladenes Kerlchen. Auf der Erde würde man ihn auf Mitte bis Ende zwanzig schätzen.

„Mit dem Alter", erklärte mir Tomas, „ist es hier schwierig, denn jeder gestaltet sein Äußeres so, wie er sich fühlt. In der Zeit die man hier verbringt, verändert sich unser Erscheinungsbild entsprechend der Veränderung unseres Kerns, bis wir an den Gipfel herankommen, der von uns erreicht werden kann. Auf einer Stufe kann sich jeder nur bis zu einen bestimmten Punkt entwickeln. Es gibt eine individuelle Grenze. Kommt man an sie heran, erreicht man die Vollkommenheit der Stufe. Dann ist die Zeit gekommen, sich auf eine höhere Stufe von ganz unten Schritt für Schritt empor zu arbeiten. „

Nun konnte ich verstehen, was mit mir, immer wieder geschah, wenn ich in den Spiegel schaute und ein anderes, ein verändertes Ich mir entgegen blickte.

Es waren keine große Veränderungen: die Haare waren schöner und fülliger, das Gesicht entspannter, die Haut glatter, die Falten an der Stirn weg; die Mundwinkel nicht mehr nach unten gebogen. Diese kleinen Veränderungen wirken und machen so viel aus! Sowohl für den, der sie erlebt, als auch für die Menschen in seiner Umgebung. Es ist der Beginn eines unaufhaltsamen Kreislaufes von Glückseligkeit.

Wir verändern uns und strahlen; unser Strahlen erreicht die Menschen in unserer Umgebung und verändert sie; sie beginnen ebenfalls zu strahlen und geben diese positive Erfahrung automatisch weiter. Ein fortwährender Prozess wird eingeleitet. Durch die Dichtheit der Erde ist dieser Prozess um einiges langsamer als hier.

A.: Das Gespräch regt mich zum Nachdenken an, wie ich mit meinem Strahlen umgehe. Manchmal lassen wir uns von Nichtigkeiten aus der Fassung bringen ohne zu überlegen, was das für eine Wirkung auf uns und unsere Umfeld hat.

Nun, wie war der Tag mit Tomas und Gabriel?

G.: Wie angekündigt, holten sie mich ab. Wir gingen durch den Park des Domizils bis zum großen Nord-Tor und blieben davor stehen.

„Tomas", sagte ich, „ich hatte nie den Wunsch, hierher zu kommen. Der Garten, der Park und die Umgebung in unmittelbarer Nähe meiner Wohnung genügten mir. Ich genoss jede Minute auf der Terrasse. So merke ich erst jetzt, dass das Domizil durch eine hohe Mauer von der Stadt getrennt wird, und der Zugang nur durch ein solch gigantisches Tor gewährt wird."

„Die Mauer und das Tor", erklärte Tomas, „sind notwendige Maßnahmen, um die Bewohner des Domizils zu schützen.

Das Domizil hat verschiedene Stationen, nicht nur die Aufwachstation, die du kennst. Manche Neuankömmlinge sind sehr verwirrt. Sie können nicht begreifen, dass sie die Ebene gewechselt haben. Sie wollen zurück zum verlorenen Leben, zur Familie, zur Situation, in der sie sich befanden, als sich die Trennung vollzog.

Wir stehen hier vor dem Tor, dass zur Stadt, zur Colonia Esperanza führt. Hinter uns, auf der anderen Seite, befindet sich das Süd-Tor. Das Tor der Ungewissheit. Wie der Namen schon sagt, führt es aus unserer sicheren und geschützten Welt zurück in ein trügerisches körperloses Leben auf der Erdoberfläche. Diese Seelen leben in einer Art Parallelwelt und haben noch nicht den Strahl erkennen können.

Sie bleiben in ihrer alt bekannten Umgebung. Sie leiden, weil sie ihre Entkörperung nicht wahrnehmen und akzeptieren können. Sie verstehen nicht, warum die Menschen nicht mehr auf sie reagieren. Sie sprechen mit ihren Angehörigen und bekommen keine Antwort; sie werden laut, toben, vergeuden ihre Kräfte und werden immer schwächer. Mit der Zeit lernen sie, Energie zu tanken, in dem sie die Energie anderer Menschen anzapfen."

„Die Menschen meinen, die Welt besteht nur aus dem, was sie sehen", fügte Gabriel hinzu. „Großer Irrtum!

Die Welt besteht aus sichtbarer und unsichtbarer Materie. Unser Körper ist sichtbare Materie, unsichtbare dagegen ist unsere Seele. Strom ist Materie, unsere Gedanken sind Materie. Die unsichtbare Welt ist genauso aktiv und lebendig. Das Prinzip ist: Gleiches zieht Gleiches an. Dort, wo ein harmonisches Dasein gelebt wird, halten sich *unsichtbare Menschen* auf, die Harmonie als Energie brauchen; dort, wo Zwietracht herrscht, stößt man auf Seelen, die sich von der negativen Energie anziehen und die Menschen zu mehr Zank antreiben."

An dieser Stelle hätte ich eine Pause gebraucht. Aber meine beiden Freunde waren in ihrem Element.

„Na, ja", dachte ich, „streng dich an, du hast noch so viel zu lernen."

„Viele kommen mit dem Frieden dieses Ortes nicht zurecht und wollen zurück. Sie wollen zurück weil sie an ihre Kinder denken; weil sie Rache wollen; weil sie um ihren Reichtum bangen. Es gibt unzählige Gründe, warum ein Mensch diesen Ort verlassen will, und alles daran setzt, es zu tun. Die Menschen begreifen nicht, dass sie auf einer anderen Ebene des Lebens sind. Das Tor soll sie aufhalten. Es ist ein Hinweis, der zur Besinnung führen soll; ein Hindernis für ihr Vorhaben. Wenn sie es erreichen, haben sie noch eine Chance zu überlegen, ob sie wirklich zurück ins Ungewisse fliehen wollen, oder sich für die Gewissheit entscheiden. Das Tor hält die meisten ab, jedoch, wer sich mit aller Kraft gegen das Domizil entscheidet, dem öffnet sich das Tor ins Ungewisse, ohne das es ein Zurück gibt."

Diese Schilderungen musste ich erst verarbeiten. Ich hörte aufmerksam zu, aber verarbeiten würde ich alles erst in der Stille und Geborgenheit meiner Kammer, in meiner Zwiesprache mit Gott.

Warum wusste ich so wenig darüber, fragte ich mich immer wieder. Ich war doch ein religiöser Mensch, der seinen Gottesdienst ernst genommen hat. Ich meinte wirklich „im Dienst Gottes" gewesen zu sein.

„Verstehe ich richtig, dass jeder diesen Ort verlassen kann, aber niemand aus eigener Kraft hinein oder zurück kann?", fragte ich Tomas.

„So ist es!", antwortete er mit einer gewissen Bestimmtheit im Ausdruck.

„Jeder Mensch bzw. jede Seele, die sich von dem Körper trennt, braucht eine Zeit um sich von dem *alten* Leben zu verabschieden. Er erkennt, dass er die materielle Hülle verlassen hat; dass ein neuer Abschnitt beginnt. Einzelne Fälle gibt es, bei denen die Menschen sich bewusst verabschieden, weil sie unsere Vorbereitungen wahrnehmen und sich darauf einlassen. Wären es mehr, würde dieser Übergang um einiges einfacher sein.

In den meisten Fällen werden die Menschen von uns, von Freunden oder Angehörigen schon vor dem Tod begleitet. Ich meine Helfer aus der unsichtbaren Welt. Wenn sie bereit sind mitzukommen, erhalten sie Ersthilfe in einer Aufwachstation. Schwierigere Fälle werden in den unzähligen Posten direkt an der Erdkruste versorgt. Denken wir an Trauma-Situationen wie Krieg, Naturkatastrophen und dergleichen.

Es gibt auch Seelen, die nicht sofort erkennen, dass sie die materielle Hülle verlassen haben."

Tomas wandte sich zum Tor, welches vor uns in den Himmel emporragte.

„Aber dieses Tor ist der Zutritt zu unserer Stadt; zu unserer Colonia Esperanza - die Kolonie der Hoffnung!", sagte er mit einem gewissen Stolz in der Stimme. „Ich bin stolz hier zu wohnen und zu arbeiten, ein Teil dieser Gemeinschaft zu sein. Auch bei mir war es nicht immer so. Ich musste ebenfalls einen schwierigen und lehrreichen Weg zurücklegen. Unsere Kolonie ist wunderschön! Am besten überzeugst du dich selbst."

Er machte eine Handbewegung, und der massive Koloss öffnete sich.

A.: Warum ist auch dieses Tor für die Bewohner des Domizils verschlossen?

G.: Das Domizil ist ein Rehabilitationsort. Dort werden die ersten Schritte in ein neues, anderes Leben gemacht. Dort werden wir an die neue Körperlichkeit herangeführt, lernen zu vertrauen, finden Gleichgewicht. Wenn jemand sehr neugierig ist, aber nicht kräftig genug, würde er das, was er hinter diesem Tor sieht, nicht für wahr halten. Sein Zustand könnte sich dadurch verschlechtern, und alle bisherigen Bemühungen wären nutzlos. Für die Entwicklung ist es hinderlich, mehr zu erfahren, als man verkraften kann. Das Tor zur Kolonie können nur diejenigen passieren, die energetisch vorbereitet sind. Zudem ist das Passieren nur in Begleitung oder mit einer Erlaubnis gestattet.

A.: Wie war es, als das Tor sich öffnete? Was hast du empfunden?

G.: Tomas machte eine Handbewegung und erklärte:

„Du wirst ab heute hinaus und hinein können, wann immer du magst. Bewege deine Hände so, wie ich es dir zeige, und das Tor wird sich öffnen."

Ich versuchte und nichts geschah.

„Du musst auch daran glauben, dass du die Kraft hast dieses Tor zu öffnen, und vor allem...wollen."

Er rückte meine Hände in die richtige Position. Ich konzentrierte mich darauf die Lektion mit Erfolg zu bewältigen und versuchte meinen Willen zu bündeln, um endlich in Esperanza anzukommen.

So war es auch. Wir kamen direkt in einem Park an. Ich sah viele Menschen und ein reger Betrieb. Einige saßen auf Bänken und unterhielten sich; andere spazierten mit Büchern in den Händen und lernten; noch andere lagen auf dem Rasen, der sich wie ein grüner Teppich über die gesamte Landschaft zog. Bäume, Blumen, Menschen, Gebäude, Transportmittel... alles wie auf der Erde, nur doch etwas anders. Die Wege waren beschildert. Zum Beispiel: Haus der Jugend, Bibliothek, Museum, Kunstakademie, Verwaltung usw. Wenn ich an etwas dachte, drehte sich mein Blick sofort dahin. Egal wo ich war, musste ich nur an das Domizil denken, und schon fand ich einen Wegweiser, der mich dahin führte. Ich war beeindruckt.

Am Abend, in meinem Bett, bedankte ich mich beim Schöpfer für diese Erfahrung, für diese Welt und für alle Möglichkeiten, die uns geboten werden. Ich dachte an meiner Frau und wünschte sie könne meine Erfahrungen teilen. Colonia Esperanza ist nicht sehr groß. Sie beherbergt circa fünfhunderttausend Menschen und liegt über dem Amazonasgebiet zwischen Peru und Brasilien. Ein Teil der Kolonie ist ein Dschungel mit Wasserfällen und exotischen Pflanzen.

Am Abend versammeln sich viele im Park und lassen sich von dem Sternehimmel bezaubern. Irgendwann halten sich alle an den Händen und beten, ohne ein einziges Wort zu sagen, ohne Predigt, ohne Aufsehen zu erregen.

A.: Wie sehen die Menschen aus? Sind sie bekleidet? Wie kann ich sie mir vorstellen?

G.: (Schmunzelte)

Viele Menschen haben die Vorstellung, dass Geister sich unter einem weißen Lacken verbergen, mit zwei ausgeschnittenen Löchern für die Augen, und hin und her fliegen oder Ketten hinter sich ziehen, um auf sich aufmerksam zu machen.

Durch die fließende Bewegung, die wir durch die Entwicklung erreichen und die Leichtigkeit unseres Ätherkörpers, lernen wir zu schweben, aber nur ein paar Zentimeter über der Oberfläche. Dadurch können wir schneller und müheloser große Entfernungen zurücklegen. Allerdings nicht in der Geschwindigkeit der Gedanken, wie viele meinen. Dies ist vielleicht bei höheren Geistern der Fall, die eine ganz andere Ätherstruktur haben, als wir. Um diese Ebenen zu erreichen, werde ich sicherlich noch ein paar hunderte Reinkarnationen durchleben müssen. Auch wenn wir den materiellen Körper, wie auf der Erde, nicht mehr besitzen, haben wir einen Körper und empfinden auch noch Scham, Eitelkeit und Stolz und arbeiten daran sie abzuschwächen.

Die Bewohner von Esperanza tragen alle sehr ähnliche Gewänder. Dies liegt an der Tatsache, dass hier alle gleich sind, egal welche Güter wir auf der Erde besaßen. Der Unterschied liegt in der Färbung. Auf den ersten Blick sind die Gewänder weiß, doch sie schimmern in verschiedenen Farben.

Rot oder dunkelgrün tragen die Neuen; mit der Entwicklung schimmert das Gewand eher gelblich, bläulich oder violett. Ein rein weißes Gewand tragen einige Lehrer, Betreuer und die Verwalter dieser Stadt. Dieser Unterschied ist notwendig, hauptsächlich damit jeder weiß wem er Hilfe anbieten oder an wem er sich wenden kann.

Ich selbst war auch sehr überrascht. Auch während der Zeit im Domizil hatte ich keine Ahnung, was mich hier erwartete. Erst nachdem ich in dieser Kolonie heimisch wurde, legte sich mein Staunen. Jeder Neue sollte sich einer Studiengruppe anschließen, Vorträge besuchen, sich mit den älteren Bewohnern austauschen, Fragen stellen, denn dies dient nicht nur der Integration, sondern auch dem Fortschritt. Hier bekommt jeder sein persönliches Wieso und Weshalb erklärt. Die Offenbarung aller Möglichkeiten der Neuankömmlinge, bestehende Verstrickungen und Belastungen aus früheren Leben zu erkennen, hat bei uns eine sehr hohe Priorität.

Esperanza bedeutet Hoffnung; Hoffnung auf ein neues besseres Leben – meine neue Heimat.

Die Schreinerwerkstatt

Ein paar Tage nutze ich die freie Zeit, um mich in der Kolonie sicher bewegen zu können, bis Nair mir die frohe Botschaft überbrachte, dass ich die Arbeit in der Schreinerei aufnehmen konnte. Tags darauf holten mich Tomas und Gabriel ab und begleiteten mich, als ich mich von Rique, Lisa und den anderen verabschiedete. Sie waren mir ans Herz gewachsen, da sie mich durch die schwere Zeit der Eingewöhnung liebevoll begleitet hatten. Treffen würden wir uns sicherlich öfter.

Die Werkstätten liegen etwas außerhalb der Stadt, am Rande der Kolonie, sowie die Kinderheime und die Wohnsiedlungen. Meine liegt auf einer kleinen Anhöhe. Alle Wohneinheiten sind an einander gereiht und haben nach hinten die gleiche Terrasse, wie im Domizil. Die Häuschen haben weiße Wände; hellblaue Türen und Fenster verlaufen nach oben in einem Bogen; die Dächer sind gewölbt. Es gibt keine Ecken und Kanten. Dadurch fließt die Energie besser, wurde mir erklärt. Man hat das Gefühl, alles ist mit einander verbunden, berührt sich auf irgendeiner Weise.

Ich wohnte in der dritten Wohneinheit, auf der rechten Seite, neben dem großen Baum. Durch den gemeinsamen Garten ist es einfach, sich kennenzulernen. An manchen Tagen spielen die Bewohner Fußball, andere machen Musik, Gruppen versammeln sich um die Zeit miteinander zu verbringen, Frauen tauschen sich aus, Kinder spielen auf der Wiese. Nicht anders als an einem Sonntag auf der Erde. Oft habe ich mich daran erinnert, wie die Familie die Sonntage verbrachte. Lange ist es her...

Überall werden Lesungen, Konzerte, Theaterstücke angeboten. Jeder kann sich aktiv oder passiv daran beteiligen. Betreuer und Lehrer geben sich große Mühe, unser hiesiges Leben so angenehm wie möglich zu gestalten. Doch es gibt auch diejenigen, die alles ablehnen und sich nicht integrieren.

Meine Wohnung teilte ich mit Mauricio, der im Kinderheim arbeitet, und Antonio. Dieser ist in der Kunstwerkstat tätig. Beide sind sehr freundlich und bemühten sich alles so angenehm wie möglich zu gestalten. Die Wohneinheit war geräumig. Jeder hatte sein eigenes Zimmer, welches nach eigenem

Geschmack eingerichtet werden konnte. Mein Zimmer war leer, als ich ankam.

„Wie möchtest du es einrichten?", fragte mich Mauricio. „Welche Farbe sollen die Wände haben? Welche Möbel stellst du dir vor? Du kannst alles nach deinem Wunsch gestalten."

Antonio, der ruhigere, nahm Mauricio am Arm und sagte: „Am besten lassen wir ihn ein Moment allein, so dass er sich überhaupt ein Bild machen kann, von dem, was er möchte, sodass er sich hier heimisch und wohl fühlen kann."

Ich schaute mich um und stellte mir das Bett vor, zudem ein kleines Bücherregal, einen Tisch und einen bequemen Sessel; ein Spiegel durfte nicht fehlen. Der Spiegel war für mich weiterhin wichtig, um mich und meine Verwandlung zu erkennen. Als das Zimmer in meiner Vorstellung eingerichtet war, ging ich zu den anderen. Sie warteten auf der Terrasse.

„Wir werden uns sehr gut verstehen", sagte Antonio und strecke mir ein Glas entgegen. „Stoßen wir auf unsere Freundschaft an!"

Ich war noch etwas schüchtern und gespannt auf die Zukunft. Auf einer Zukunft mit den beiden, in der Schreinerei, in Esperanza.

Vor uns, im Park, wurde Musik gespielt. Mehrere Gruppen übten für das kommende Fest, woran jeder aus der Kolonie in irgendeiner Form beteiligt war. Sie übten gerade ein schönes Stück. Wir gingen dahin, lauschten und unterhielten uns. So erfuhr ich, dass dieses Fest – das große Fest der Liebe – regelmäßig gefeiert wird.

Als ich später mein Zimmer betrat, staunte ich über die Einrichtung. Alles war da, genauso, wie ich es mir vorgestellt hatte.

„Wie ist es möglich?", fragte ich verwundert.

„Gedankenenergie, mein Lieber!", antworteten beide zugleich.

Am nächsten Morgen erwartete mich mein erster Arbeitstag. Nair und sechs Kollegen warteten am Eingang und kamen auf mich zu, um mich zu begrüßen. Ich wurde für die Feinarbeit eingeteilt. Demnach wurde mir die Aufgabe zugetragen, jedem Teil seinen letzten Schliff zu geben.

In der Schreinerei werden Möbel aus einer dem Holz ähnlichen Materie hergestellt und repariert. Das Material bekommen wir aus anderen Kolonien, welche spezialisiert auf die Herstellung dieser Holzmaterie sind. Sie sieht aus wie Holz, fühlt sich an wie Holz, ist aber, wie alles hier, vergeistigte Materie. Rohmaterial und fertige Teile werden eingelagert, damit sie bei Bedarf zur Verfügung stehen

Die Kunstwerkstatt ist der Schreinerei angegliedert. Dort wird die Holzmaterie zu wunderschönen Skulpturen geformt, die im Fest der Liebe ausgestellt werden. Wer sich frei und künstlerisch betätigen will, kann dort seiner Kreativität Ausdruck verleihen. Doch auch die Künstler müssen ihre Verpflichtung zu Gunsten der Allgemeinheit erfüllen.

Gelegentlich kamen Kinder aus dem Kinderheim zu uns. Wir zeigten und erklärten ihnen alles, was sie wissen wollten, und zum Schluss durften sie mit der Holzmaterie spielen und kleinere Stücke bauen. Sie zu beaufsichtigen, war eine sehr erfüllende Tätigkeit. In solchen Tagen musste ich an meine irdischen Enkelkinder denken und erinnerte mich, dass ich nicht der Großvater war, der ich hätte sein können...Vielleicht bekomme ich die Gelegenheit anders zu handeln; nicht aus Schuldgefühlen, sondern aus Einsicht und Erkenntnis.

In der Schreinerei arbeitete ich gerne. Wenn Veranstaltungen vorbereitet wurden, hatten wir viel zu tun, z.B. mit dem Bühnenaufbau. Wenn alles fertig war, konnten wir umso mehr das Konzert oder den Vortrag genießen.

Hier in Esperanza ist immer etwas los. Wir besuchen uns gegenseitig, treffen Freunde, gehen wandern, ins Museum usw.; nicht viel anders als auf der Erde. In der ersten Zeit werden wir sehr beschäftigt, damit nicht viel Zeit bleibt, um an das irdische Zuhause zu denken und es zu vermissen. Alle die sich gut angepasst haben, bekommen eine Arbeitsstelle – so wie ich. Und wenn sie sich integriert haben und heimisch fühlen, dann beginnt die Ausbildung, d.h., dann bekommt jeder die Möglichkeit an seinen Disharmonien zu arbeiten. So auch ich.

Eines Tages kam Nair zu mir mit einem Brief in der Hand.

„Du machst dich so gut, dass ich dich für eine Schulung empfohlen habe. Hier, die Einladung.„

Es handelte sich um einen Lehrgang zum Thema Angstbewältigung. Ich wunderte mich darüber, denn schon lange hatte ich kein Angstgefühl mehr in mir gespürt. Durch das geregelte und vertraute Leben, und das Gefühl hier gut aufgehoben zu sein, waren meine Ängste nicht mehr vorhanden – meinte ich.

„Daher ist jetzt der passende Zeitpunkt daran zu arbeiten.", sagte Nair. „Die Ängste sind nicht mehr in dir. Sie befinden sich außerhalb deines Empfindens, aber noch existieren sie. Jetzt kannst du sie anschauen, verarbeiten und in Liebe umwandeln. Sie sind ein Fremdkörper, wie ein Stein im Schuh, der verletzt und Schmerzen verursacht bis er entfernt wird. Nur so können die Wunden heilen. Denke doch darüber nach." Sie umarmte mich und ging.

Am kommenden Tag kamen wieder die Kinder aus dem Kinderheim zu uns in die Schreinerei. Wie immer, waren sie neugierig und konnten nicht abwarten ein Stück Holzmaterie in die Hand zu nehmen. Nur nicht der kleine blonde Junge, der sich an meinem Bein festhielt und sich dahinter versteckte. Er fürchtete sich vor allem und jedem. Ich nahm ihn auf, setzte mich etwas abseits vom Geschehen. Ich hob ihn auf meine Knie und flüsterte ermutigende Worte in sein kleines Ohr. Er schmiegte sich an meine Brust, schloss die Augen und schien diesen Moment zu genießen.

Der Lehrgang würde meine Arbeit in der Schreinerei nicht beeinträchtigen, denn er fand an meinen freien Tagen statt.

Auch wenn ich keine Angst mehr verspürte, war ich mir sicher, irgendwann würde ich mich in einer Situation befinden, die mich dahin zurückwerfen würde.

Was Freiheit bedeutet, können wir nur spüren, wenn wir unsere Ängste erkennen und uns ihnen stellen. Die Schulung würde mich einen Schritt weiter bringen, und ich freute mich darauf.

Meine Aufmerksamkeit ging zum Jungen zurück. Ich legte meine Hände über seine Brust und seinen Rücken, dankte Gott für seine Fürsorge und unendliche Liebe, weil er keines seiner Kinder allein lässt, und befreite mich von jeglichen Gedanken. Ich spürte wie winzige Lichtpartikel durch meinen Körper wanderten, sich an meinen Handflächen bündelten, um in einem Strahl den kleinen Körper zu durchfluten. Ein paar Sekunden später sprang der Kleine herunter und spielte mit den anderen.

Nair kam und setzte sich zu mir. Eine ganze Weile schauten wir amüsiert zu, wie die Kinder spielten. Sie legte den Arm um meine Schulter und sagte:

„Das, was wir jetzt erleben, ist der wahre Frieden. Jeder spielt für sich, ist ein eigenständiges individuelles Wesen. Ohne gegenseitige Einschränkung kann sich die Individualität hier frei entfalten und doch ist jeder ein Teil einer Gemeinschaft. Ähnlich wie ein einzigartiges Teilchen eines Puzzles, ohne das kein vollkommenes Gefüge konstruiert werden kann.

Das Kinderheim

A.: Ich wundere mich über die Existenz eines Kinderheimes auf deiner Seite des Lebens.

G.: Auf dieser Seite des Lebens ist ein Kinderheim etwas anderes als auf deiner Seite. Es ist nicht nur Unterkunft zur Versorgung elternloser Kinder, sondern ein liebevolles Zuhause. Dort verbringen die Kinder die erste Zeit. Wenn sie sich zum Jugendlichen entfaltet haben, verlassen sie das Kinderheim, um in einer anderen Einrichtung oder in einer Familie den Entwicklungsprozess fortzuführen. Die Zeit, die sie in dem Kinderheim verbringen, hängt von ihrem Wachstum ab; manche verwandeln sich schneller, andere langsamer, gemäß der Reife ihrer Seele.

Der Tod auf der Erde tritt in jedem Alter ein. Eine Seele kann den materiellen Körper in allen Stadien ihrer Reife verlassen, auch als Fötus oder Säugling mit nur ein paar Tagen oder Monaten. Diese Seelen werden in spezialisierten Einrichtungen zurückempfangen, versorgt, aufgebaut bis sie in einem unserer Kinderheime aufgenommen werden können. Bedauerlicherweise gibt es einige in Esperanza.

Wir müssen bedenken, dass der Geist sich bereits vor seiner irdischen Geburt mit dem Körper verbindet. Er gestaltet seinen materiellen Körper von Beginn an, also, ab der Empfängnis. Im Grunde ist er schon lange vorher damit beschäftigt die passenden Eltern, den passenden Zeitpunkt seiner Wiederkehr einzuleiten. Diese Entscheidung trifft er im Allgemeinen nicht alleine. Es ist eine Absprache zwischen allen Beteiligten, in ein neues Leben zu gehen, wie, zum Beispiel, meine irdischen Eltern, die sich entschieden haben als Mutter und Kind ein neues Leben gemeinsam zu verbringen. Das neue Leben gibt meiner Mutter die Möglichkeit, meinem Vater all ihre Fürsorge zu schenken, die ihr durch den Krieg verwehrt wurde. Sie wird ihn als eines ihrer Kinder empfangen. Jeder Mensch, der nun auf der Erde lebt, ist dabei sein kommendes Leben vorzubereiten.

A.: Wenn eine Seele schon hunderte Leben gelebt hat, ist sie ein erwachsener Geist. Wie kann dieser erwachsene Geist als Kind, oder gar als Säugling in die geistige Welt eintreten?

G.: Es ist richtig, dass der Geist ein *altes* Wesen ist, welches hunderte Leben schon gelebt hat. Wenn die Seele das Leben auf der Erde verlässt, bleiben die körperlichen, von der Materie verursachten Empfindungen bestehen, bis sie sich davon befreien kann. Dies bedeutet, die von der materiellen Welt entkoppelte Seele, ist nicht im Stande zu erkennen, dass sie sich in der geistigen Ebene befindet.

Sie empfindet, als wäre sie nach wie vor im materiellen Körper, mit allen belastenden Empfindungen, die sie vor der Entkörperung hatte. Die Hilfeleistung der geistigen Brüder und Schwestern ist in diesem Fall unermesslich! Durch ihre Hilfe wird der Seele gestattet, sich gemäß ihrem Können zum Geist zu verwandeln – was sie im Grunde ist.

Durch die bedingungslose göttliche Liebe, die ihm hier geschenkt wird, kann sich ein Fötus, in ein paar Stunden bei uns, zum Kleinkind entwickeln, und ein Kleinkind zum Erwachsenen.

Das Leben in dieser meiner Welt ist sehr dynamisch und unvergleichbar!

Über den kleinen Jungen aus der Schreinerwerkstatt kann ich berichten, dass er sich rasch zum Jugendlichen entwickelt hat, nachdem er sich seiner Angst gestellt hat.

Bei uns bekommt jedes Kind eine „Mutter" oder einen „Vater" oder eine „Familie", gemäß seinen Bedürfnissen. Der Auserwählte weicht nicht von seiner Seite und versorgt ihn mit uneingeschränkter Liebe, solange er dies braucht. Das Kind selbst entscheidet über sein Wachstum. Alle Kinder werden in verschiedenen Bereichen geschult, betreut, begleitet. Der Besuch in den verschiedenen Werkstätten ist eine wichtige Komponente in diesem Lernprozess.

Viele Bewohner von Esperanza kümmern sich um das Wohlbefinden der Kinder, indem sie Ausflüge, Lese- und Spieltage und vieles mehr organisieren.

A.: Warum gibt es so viele Kinderheime in Esperanza?

G.: Es hat mit der Region, mit dem Standort zu tun. Esperanza liegt in einer Region mit hoher Geburtenrate. Schon wegen der ethnischen Komponente aus längst vergangenen Zeiten sind die Verstrickungen noch nicht ganz überstanden und bedauerlicherweise kommen neue dazu. Die Kindersterblichkeit in dieser Region ist aus verschiedenen Gründen hoch. Der signifikanteste Grund, birgt die Sicherstellung des Entwicklungsprozesses für die Bewohner dieser Region. Dies ist besonders gut daran zu erkennen, wenn ein gesundes Kind plötzlich die Erde verlässt. Diese Seele hat den Ausgleich, die Wiedergutmachung erreicht, die sie sich für diese Reise ausgesucht hat. Der Entwicklungsprozess wird beschleunigt, weil ein Scheitern im weiteren Verlauf des irdischen Lebens ausgeschlossen wird.

Ein weiterer Grund ist die hohe Anzahl an Fötus-Todesfällen, willkürlich oder unwillkürlich herbeigeführt. Einige Seelen trennen sich willkürlich vom materiellen Körper bei seiner Entstehung. Andersrum werden die Seelen durch einen Schwangerschaftsabbruch unwillkürlich von dem Körper getrennt. In diesem Fall geraten sie manchmal in einem Schock, bis sie in der Lage sind, sich davon zu lösen, und in ein *normales* geistiges Leben eingeführt zu werden.

Um den Entwicklungsprozess aller Beteiligten nicht zu unterbrechen, übernimmt eine *fremde* Seele die Aufgabe derjenigen, die es nicht geschafft und willkürlich entschieden hat die Erde zu verlassen. Aber dies, nur in Fällen, in denen die Ersatzseele für die Lösung der Aufgabe absolut geeignet ist und dadurch keinen Schaden nehmen kann. Zuzüglich, wenn ihre eigene Aufgabe im erwachsenen Alter liegt.

Dies ist ein winziger Einblick in die Gesetze Gottes und in der göttlichen Ordnung. Gottes Plan ist Heilung und Rückkehr zum Ursprung. Unter der Betrachtung, dass alle Wesen dieses Universums göttlich sind, ist die Rückkehr zum Licht ein unaufhaltsamer Prozess.

A.: Also, eine *fremde* Seele kann sozusagen die Aufgabe einer anderen übernehmen. Warum tut sie das? Verzögert sie nicht dadurch ihre eigene Entwicklung?

G.: Ganz im Gegenteil. Sie beschleunigt ihre Entwicklung, indem sie, aus ihrer Erkenntnis heraus, einer Geschwisterseele aus Liebe hilft, auch wenn sie an den eigenen Aufgaben scheitern sollte.

A.: Könntest du es verständlicher schildern?

G.: Eine Seele entscheidet sich aus Liebe die Aufgabe einer anderen – die gescheitert ist – zu übernehmen, weil sie diese Aufgabe schon vorher, in einem ihrer materiellen Leben, gelöst hat; oder weil sie auf Grund ihrer individuellen Eigenschaften und Talente weiß, wie sie gelöst werden kann.

Zum Beispiel, eine Seele nimmt den materiellen Körper an, mit der Aufgabe, als Musiker die Herzen der Menschen zu berühren und sie in eine höhere Sphäre zu erheben. Das Lernen und Bewältigen der Aufgabe kostet sie viel Mühe, unzählige Übungsstunden, und es steht nicht fest, ob sie die Aufgabe mit Erfolg lösen wird. Sehr früh erkennt sie, dass sie der ausgesuchten Aufgabe nicht gewachsen ist. Sie gibt nicht nur die Musik auf, sondern auch sich. Sie scheitert, erkrankt und stirbt. Um diese Lücke zu schließen, übernimmt eine *fremde* Seele die Aufgabe der „gescheiterten", damit die Aufgabenkette aller Beteiligten erfüllt werden kann. Das, was für die eine Seele eine Qual ist, wird von der anderen mühelos bewältigt. Trotzdem befindet sich diese *fremde* Seele in einem Lernprozess mit Aufgaben, die für sie, im späteren Alter anfallen werden. Ein solches Beispiel kannst du auf der Erde erkennen, wenn ein Familienmitglied vollkommen anders ist als seine Geschwister.

Nun zurück zu unseren Kinderheimen. Die Kinder bekommen von Müttern und Vätern alle liebevolle Zuwendung, die sie brauchen, bis sie das Nest aus eigener Erkenntnis heraus verlassen. Sie brauchen dann die Fürsorge nicht mehr und überlassen ihre Betreuer anderen bedürftigen Kinderseelen. Die Liebe, die sie verbindet, ist die bedingungslose Liebe, die hier herrscht, und somit ist es unwichtig, ob der Begleiter die Rolle eines Vaters, einer Mutter, Bruder oder Schwester übernimmt, denn alle gehören zur gleichen Familie.

Ich weiß, es ist unvorstellbar für euch, und so war es auch für mich.

Lehrgang I

G.: Das Bildungszentrum liegt direkt im Zentrum der Kolonie, neben der Bibliothek. Es ist ein Gebäudekomplex mit vielen Räumen – kleine und größere, in denen verschiedene Lehrgänge und Vorträge stattfinden. Die Themen sind an die Bedürfnisse der Bewohner von Esperanza angepasst.

Bildung bedeutet auf der Erde, in erster Linie, Wissen. Wissen, welches darauf gezielt ist das Umfeld und die irdischen Ressourcen bezwingen und das Maximale aus ihr und ihren Bewohner heraus pressen zu können. Dort geht es darum, alles was den Menschen umgibt – seine materielle Hülle inbegriffen, zu erfassen und ihm zunutze zu machen. Hier hingegen, lernen wir, wie wir funktionieren, wie wir entstanden und gestaltet sind, was jeder von uns aus dem Gleichgewicht bringt und wie wir das Gleichgewicht wieder herstellen können um in Harmonie mit uns, mit unseren Mitmenschen und mit dem Universum zu leben. Hier bedeutet Bildung Erkenntnis dort Vorteil.

Am Anfang war ich zurückhaltend, eher lethargisch. Durch Verständnis und liebevolle Behandlung habe ich erkannt, dass ohne mein Tun, ohne den Wunsch auf Veränderung, alles so bleibt, wie es ist, auch wenn ich eine neue Chance zur Wiedergutmachung bekomme. Ich wollte an meinem Fortschritt arbeiten; ich wollte die Bremsen in meiner Seele erkennen und beseitigen. Der mir angebotene Lehrgang trug die Überschrift: *Angstbewältigung*, was mich recht nachdenklich machte, denn ich war der Meinung meine Ängste längst bewältigt zu haben.

Ich brauchte nur ein paar Minuten bis zum Bildungszentrum. Erst jetzt fielen mir die vielen Menschen auf, die hinein und hinaus gingen, auch wenn ich schon öfter daran vorbei gegangen war. Eine große Tafel im Eingangsbereich zeigte an, in welchem Räum welcher Kurs stattfand.

Ich stand nun vor der Tür mit der Aufschrift: „Angstbewältigung" und holte tief Luft.

Fünfzehn Stühle standen in einem Halbkreis; ein weiterer in der Mitte. Zwei Teilnehmer unterhielten sich in der Nähe des Fensters. Als sie mich bemerkten, drehten sie sich um und begrüßten mich. Bald darauf kamen auch die anderen.

Wir setzten uns und warteten gespannt auf den Dozenten.

Mario, ein älterer Herr mit schneeweißem Haar und Dreitagebart, edel aussehend in seinem weißen Gewand, betrat den Raum. Er begrüßte uns, stellte sich vor und bat uns, das gleiche zu tun. Als die Vorstellungsrunde beendet war, sprach er:

„Keiner von uns ist vollkommen. Im Gegenteil, jeder von uns ist unausgeglichen; jedem fehlt was. Uns mangelt es an Disziplin, an Selbstbewusstsein, an Eigenliebe usw., Auslöser von Disharmonien, die sich durch viele irdische Leben hindurch ziehen, wenn sie nicht verarbeitet werden. Disharmonien, die im Leben in der Materie nicht beseitigt werden konnten, werden hier besprochen, angeschaut, erkannt. Zusammen erarbeiten wir eine Lösung dafür."

„Es ist ganz selten, dass Menschen sich treffen, um über Disharmonien zu sprechen, die in der Gesundheit, in der Partnerschaft, in der Beziehung zu Angehörigen oder in einem anderen Bereich ihres Wirkens liegen. Und doch, schätzt der Mensch eher die Meinung seines äußeren Umfeldes, als seines engeren Wirkungskreises, und äußerst selten hört er auf die Belange seiner Seele. In vielen Fällen ist so, dass keiner einen Blick hinter die Kulissen werfen und erfahren darf, wie es einem wirklich geht. Wer das erlaubt, schwächelt; so die Einstellung vieler Millionen Menschen auf der Erde. Was für ein Unsinn! Dadurch, dass Gefühle in der Seele gespeichert werden, nimmt sie auch die angesammelten Ängste bei jeder neuen Erfahrung in der Materie, die sie eingeht, mit. Unser Vorhaben in diesem Lehrgang ist, sich zu verändern.

Wenn wir erkennen, dass die Zeit des Jägers und Gejagten vorbei ist, dass wir alle gleich, als Teil der göttlichen Schöpfung sind, müssen wir auch erkennen, dass wir göttliche schöpferische Wesen sind. Das heißt, wir erschaffen, wir kreieren, wir lassen entstehen, uns selbst und die Welt in der wir leben. Wenn wir die Ängste in uns in Verständnis, Güte und dann in Liebe umwandeln, verändern wir nicht nur uns selbst, sondern auch die Welt in der wir leben."

Ich musste daran denken, wie wenig ich darüber wusste, und fragte mich, ob überhaupt jemand aus meinem irdischen Umfeld sich über dieses Thema Gedanken macht. Und was ist mit den Religionsgelehrten aus den verschiedenen Glaubensrichtungen, die alle die gleichen Schriften studieren und sie doch verschieden anwenden, vor allem, in dem sie die uns angeborenen Ängste schüren und verstärken? Was für ein Widerspruch! – dachte ich.

Mario wandte sich zu mir und sagte:

„Du kannst deine Gedanken laut ausspre-
chen. Wir alle haben die gleiche Erfahrung gemacht. Nur das Umfeld, die Kulisse ist eine andere;
die Prägung ist die gleiche, wie eine Brandmarke
auf unserer Seele. Deswegen befinden wir uns alle
hier, in diesem Raum. Und die erste Lektion, die
wir lernen sollten, ist die Erkenntnis, dass wir doch
noch nicht die belastenden Ängste bewältigt haben."

So war es auch, und alle nickten zustim-
mend.

Die Schulung fand an festgelegten Tagen
und über einen längeren Zeitraum statt. Prompt
konnte ich nicht abwarten mich mit den anderen
zu treffen und auszutauschen. Vor allem, weil das,
worüber wir sprachen, intensiv in uns arbeitete.
Nach der ersten Tagung musste ich daran denken,
wie es für mich gewesen ist, als mein Vater nicht
mehr aus dem Krieg kam. Der Versorger unserer
Familie, der uns Sicherheit für Haus und Hof, fürs
Leben und Überleben gab, war für immer fort.
Auch wenn ich ein kleiner Junge war, spürte ich,
wie die Unsicherheit, über uns wie eine Nebeldecke
lag. Jeder nahm sie wahr, niemand sprach darüber.
Viele Eltern denken, ein Zweijähriger spürt die
Veränderung in solchen Fällen nicht. Was für eine

Täuschung! Schon ein Fötus erlebt seine Umgebung und speichert die Erfahrungen im Kern seines Wesens – in der Seele. Diese bleiben solange vorhanden und bestimmend, bis er in der Lage ist, das Gespeicherte anzuschauen, abzuwerfen oder zu verändern.

Wie einfach wäre es gewesen, wenn die Familie sich zusammen getan und gesagt hätte „Wie du, haben auch wir Angst und sind unsicher, wie es weiter geht. Wenn wir zusammenhalten und Gott vertrauen, fühlen wir uns stärker und können alles schaffen".

Meine Mutter bekam ihre Kraft aus den Strahlen des Himmels. Nach seinem Tod hat uns mein Vater lange Zeit begleitet und konnte nicht ins Licht gehen. Er bat seine Abholer um Aufschub, denn er musste seine Familie aus der Krisensituation hinausführen. Nichts konnte meinen Vater davon abbringen, die Hilfe an seinen Kindern aus eigener Kraft zu gewähren. Er wusste, dass meine Mutter auf seinen Einfluss reagierte und war unsicher, ob sie Botschaften der unsichtbaren Freunde wahrnehmen könne. So blieb er und begleitete uns, übermittelte meiner Mutter Richtungen, die wir einschlagen sollten und Menschen, die uns helfen würden. Als wir auf dem Schiff nach Brasilien waren, verabschiedete er sich. Als er ging, spürte ich, wie meine Ängste wieder kamen. Und wieder haben wir alles auf uns genommen – die ganze Familie – ohne ein Wort darüber zu verlieren.

Dankbar bin ich für die erhaltene Möglichkeit, alles anzuschauen und Stück für Stück zu verstehen. Es gibt so viele Zusammenhänge und Verknüpfungen, die wir in einem Leben erleben, dass wir mehrere Stationen in der geistigen Welt brauchen, um sie zu erkennen und anzuschauen. Uns wird nicht gleichzeitig alles offenbart, denn wir sind nicht imstande, es zu verarbeiten.

Aus Angst vor dem, was die anderen denken könnten, habe ich vieles gegen meine göttliche Natur gemacht. Dies bereue ich heute zutiefst. Dazu kam die Furcht vor dem strafenden Gott, die ich in der Religion entdeckte. Ich wurde aggressiv, habe liebe Menschen verachtet. Sie hatten gesündigt, gegen den gepredigten Anstand verstoßen. Die Furcht vor der Sünde war die ständige Erinnerung an die Sünde selbst. Ein unaufhaltsamer Kreislauf. Das Leben wurde immer verworrener und die ursprünglichen Ängste versanken im Geröll der Ereignisse.

Wie dankbar bin ich, dass mir die Möglichkeit der Wiedergutmachung gegeben wird. Wir Menschen sind nicht unfehlbar, denn sonst müssten wir nicht immer wieder ein neues Leben in der

Materie eingehen. Ängste und Schuldgefühle ziehen uns immer wieder ins irdische Leben zurück. Verändern wir diese, verändern wir uns, unsere Umgebung, die Erde, das Universum.

Ich befinde mich immer noch im Lernprozess zur Bewältigung meiner Ängste. Das, was ich bisher geschafft habe, hat mir ermöglicht, diese Schrift zu verfassen, deine Hilfe anzunehmen, A., in der Hoffnung, meiner Familie etwas zu geben, was ich ihr während meines Lebens vorenthalten habe: Liebe und Verständnis.

A.: Deine Ehrlichkeit und Offenherzigkeit kann ich spüren. Sie berühren mich dort, wo ich am empfindlichsten bin – im Kern meiner Gefühle. Reue und Schuldgefühl werden als gleichbedeutend gewertet, und doch sind sie so unterschiedlich.

G.: Seit ich hier in Esperanza das Bewusstsein über den Sinn des Lebens erlangte, ist mein Wunsch, meiner Familie Verständnis und Liebe zu geben und ihnen gleichzeitig die Angst vor dem Tod, vor Bestrafungen und vor einem leidgeplagten Leben in der Hölle zu nehmen. Diese Aussagen entstehen durch Mangel an Verständnis oder Verzerrung der Wahrheit durch Menschen und Institutionen, die Macht und Knechtschaft lieben. Sie haben die Lektionen unseres Bruders Jesu nicht begriffen.

G.: Bei dir, A., drängt sich Frage über den Verbleib deiner geliebten Großmutter.

Was ich über meinem Vater erfahren durfte, habe ich hier niedergelegt. Das einzige, was mir über Mutter offenbart wurde, ist, dass sie schon auf der Erde verweilt und sich auf das Treffen mit Vater vorbereitet. Sie werden noch ein Leben zusammen verbringen. Sie hatte den Wunsch, ihm all die Liebe, die sie aus verschiedenen Umständen nicht geben konnte, zu geben. So wird sie ihn als ihr Kind empfangen.

A.: Danke! Auch wenn ich ein Säugling von nur etwa sechs Monaten war, als Großmutter die materielle Welt verließ, fühle ich mich ihr sehr verbunden.

G.: Dieser Lehrgang war das härteste, was ich bis dahin, in diesem neuen Leben erfahren habe. Wie schwer es uns doch fällt, belastendes Material anzuschauen, die Situationen zu durchleben, um das verdrängte Gefühl wieder zu entdecken. Einige Versuche habe ich gestartet und abgebrochen. Oft habe ich behauptet, geheilt zu sein, keine belastende Angst zu haben. Doch die uns umgebende Liebe und die Liebenden drängen nicht, sondern ermutigen uns, besser hinzuschauen. Die Erkenntnis, dass nichts uns das Leben nehmen kann, weil wir unendlich sind, ist eine der wichtigsten Lektionen, die ich gelernt habe.

Ohne die Hilfe der Betreuer und Lehrer würde ich das Hindernis Angst in meiner Entwicklung nicht bewältigen können. Weiterhin arbeite ich daran das Gelernte zu festigen und die Wandlung endgültig zu vollziehen, denn die Erde braucht angstlose Menschen mit viel Gottvertrauen. Jede Seele mit diesen Eigenschaften, die erneut in ein materielles Leben eingeht, ist ein Samen für den endgültigen Frieden auf der Erde.

Das Lazarett

G.: Antriebskraft der meisten Bewohner von Esperanza ist der Wunsch zu wachsen – durch Erkenntnis und durch den *Dienst am Nächsten*. Die Weite bzw. Tiefe dieser Worte können nur erfasst werden, wenn wir uns von dem Wunsch im Mittelpunkt zu stehen, befreien. Für die Menschen auf der Erde ist es wichtig, anderen zu zeigen wie gut, wie klug, wie schön, wie reich, wie machtvoll, und, und, und, sie sind. Sie tragen noch das Muster des Jägers und des Gejagten in sich.

Hier kommt diese Eigenschaft nicht zum Vorschein, da das Milieu, in das wir eingetaucht sind, aus allumfassender Liebe besteht. Ich kann durchaus nachvollziehen, wie schwer es für einen Menschen auf der Erde ist, diese Aussage zu begreifen, mit all seinen Sinnen zu erfassen, denn Liebe hat für ihn eine gänzlich andere Bedeutung. Wie eine Kaulquappe, die im Biotop Wasser lebt, eine Veränderung vollziehen muss, um als Frosch an der

Erdoberfläche leben zu können, so verändern wir uns auch, wenn wir von dem lieblosen Raum Erde in die gütige geistige Ebene wechseln. Die anstrengende Anpassung müssen Frosch und Mensch ertragen. So, wie es für den Frosch nicht anstrengend ist, im Luftraum zu leben, ist es für uns natürlich in einem mit Liebe gefüllten Raum liebevoll zu sein. Dadurch ist der *Dienst am Nächsten* im Grunde kein Dienst, keine Arbeit, oder etwas was Ansehen bringt oder Orden verleiht, sondern eine Selbstverständlichkeit ist, wie das Atmen. Vielleicht ist es eher zu begreifen, wenn ich anstatt Liebe das Wort Solidarität benutze.

Dadurch, dass alle Wesen im Universum göttlicher Natur sind und das gleiche Ziel anstreben – auch wenn der eine zielorientierter als der andere daran arbeitet – ist unser Wunsch, unsere Hilfe denen anzubieten, die zögern oder Irrwege eingeschlagen haben. Nun, auch die Erkenntnis darüber müssen wir uns in Esperanza erarbeiten.

Nachdem ich die erste Schulung abgeschlossen hatte, war meine Arbeit in der Schreinerwerkstatt für meinen Lernprozess nicht mehr zweckmäßig, denn die gewonnene Erkenntnis wollte in Tat umgesetzt werden. Meine Ängste habe ich erkannt, und die Gelegenheit bekommen, sie in erbauende Gefühle des Verständnisses umzuwan-

deln. Am letzten Tag des Lehrganges über Angstbewältigung hat jeder Teilnehmer seinen neuen
Wirkungskreis mitgeteilt bekommen. Es ist etwas,
wie das Zertifikat auf der Erde. Jeder wartete gespannt darauf, was seine neue Aufgabe wird. Ich
wechselte ins Lazarett. Gehört hatte ich schon davon, doch eine richtige Vorstellung hatte ich nicht.

„Das Lazarett", erklärte Mario, „ist eine
Hilfsstation außerhalb der Kolonie. Du wirst für
die Zeit deines dortigen Dienstes auch dort wohnen. Mauricio und Antonio werden dich begleiten."

Auch wenn ich meine Ängste im Griff hatte, bedeutete es nicht, dass die neue Herausforderung mich völlig unberührt gelassen hat.

„Was erwartet mich dort?", dachte ich. „Bin
ich denn für die Arbeit geeignet?", grübelte ich weiter.

Am Abend des zweiten Tages danach trafen
wir uns am Südtor von Esperanza, welches aus Esperanza hinaus führt.

„Ich kann mich erinnern", sagte ich, „dass
keiner, der dieses Tor passiert hat, nicht mehr hinein kommen kann. Das ist der einzige Grund für
meine Aufregung."

„Mach dir keine Sorgen, denn wir passierten dieses Tor schon mehrmals. Und wie du dich

erinnern kannst, wurde dir damals gesagt: *nicht ohne Begleitung*! Stimmt?"

„Stimmt! Jetzt erinnere ich mich", antwortete ich erleichtert. „Ich bin bereit!"

Wir gaben uns die Hände, Antonio sprach einen kurzen Dank für die bevorstehende Aufgabe, und wir passierten das Tor.

Die Welt außerhalb Esperanza ist so anders. Ich konnte nun mit dem Bewusstsein eines Erwachten die Umgebung besser wahrnehmen, in der in mich befand, bevor sich die Tore von Esperanza für mich öffneten. Das bekannte gelbliche Dämmerungslicht und die rötliche Erde. Kein Baum, kein Lebenszeichen. Ich erinnerte mich wieder an die Stimme meines Vaters, die mich regelrecht zum Licht getrieben hat. Wenn wir nicht fähig sind, das Licht zu sehen, auch wenn wir vollkommen in Licht getaucht sind, meinen wir, im Schatten zu wandern. So geschah es mir; so habe ich empfunden. Viele Menschen auf der Erde haben alles, um glücklich zu sein, und dennoch verfallen sie in die Trostlosigkeit fehlender Erkenntnis.

„Wir stocken, so wie du, wenn wir dieses Tor passieren. Mit der Zeit gewöhnt man sich daran. Wir wissen, was uns erwartet und bereiten uns schon vor", sagte Antonio fürsorglich. „Glaub mir, das nächste Mal wird es etwas besser sein."

„Werden wir oft hier durchgehen müssen?“, fragte ich.

„Öfter als du dir vorstellen kannst.“

Vor uns zeichnete sich ein Weg, eine schmale Straße die, wie mir vorkam, schwebend über die Landschaft lag. Die schmale Gerade endete in einem Punkt am Horizont. Alles stand in einem Licht zwischen Tag und Nacht, nur der Weg strahlte. Wortlos schritten wir nebeneinander und bewunderten den Sternehimmel, der sich wie eine Decke über uns ausbreitete. Still dachten wir an unsere Brüder und Schwerstern, die in einem dieser leuchtenden Punkte wohnten. Als die Sterne immer spärlicher wurden und im Tageslicht verblassten, nahm ich die Umrisse eines Gebäudes wahr; eine Festung mitten im Nichts. Erst als wir näher kamen, konnte ich ihre Größe erkennen. Der ganze Bereich zwischen ihren Mauern war von einer durchsichtigen Kuppel bedeckt. Wir standen ein paar Sekunden lang vor dem einzigen Tor bis es sich automatisch öffnete. Drei Mitarbeiter des Lazaretts kamen uns entgegen.

„Wir haben euch schon erwartet! Kommt herein“, begrüßte uns die quirligste der drei Frauen. „Wie war die Reise?“, sagte sie und streckte mir die Hand entgegen. „Ich bin Sofia! Du musst Gunter sein. Seid herzlich willkommen, Brüder!“

Ana und Maria wurden mir vorgestellt. Sie umarmten Mauricio und Antonio so herzlich, dass sie mich mit ihrer Freude ansteckten.

Zwischen den Mauern, unter der durchsichtigen Kuppel, verteilten sich die Gebäude rechts und links der Hauptstraße. Am Ende dieser, hinter einer weiteren Mauer, befanden sich die Wohneinheiten. Maria führte uns dorthin, gab uns unser Passwort, sozusagen den Schlüssel zum Durchgang, und zeigte uns unsere Unterkunft – ein kleines spärlich eingerichtetes Zimmer. Doch die Terrasse, wie überall in Esperanza, konnte nicht fehlen. Schon wusste ich, wo ich mich erholen würde.

Am nächsten Morgen wurde ich in diese Siedlung eingeführt. Ich erfuhr, dass dieser Ort zum Einzugsgebiet von Esperanza gehört, trotz der großen Entfernung von der Kolonie. Zunächst wurden mir die Gebäude in der Nähe des Wohnbereiches, am Ende der Straße, gezeigt. Rechts für Frauen und Mädchen, links für Männer und Jungen, doch Erwachsene und Kinder getrennt. In dieser Einheit befinden sich die Menschen, die stabil genug sind, um in die Aufwachstation von Esperanza umsiedeln zu können. Sie bleiben solange im Lazarett bis die Aufwachstation aufnahmebereit ist. Die Reise dorthin überstehen sie ohne Schwierigkeiten. Eine Art Schwebebahn, ausschließlich für den Krankentransport, verbindet beide Orte.

Die mittleren Gebäude sind für Menschen bestimmt, die aus der Erstehilfestation kommen, deren Zustand kritisch und ihre Betreuung intensiv ist. In den ersten Gebäuden, direkt am Eingang, wird Erstehilfe geleistet.

Die Erstehilfe war der schwierigste Arbeitsplatz und forderte von uns großen Einsatz. Hier wurden Mauricio und Antonio eingesetzt, da sie durch ihre unzähligen Einsätze mit der Arbeit vertraut waren.

Mein Einsatz begann in der letzten Station bei stabilen Patienten, die bald in die Kolonie umsiedeln konnten. Sie wurde auch *Die Letzte* genannt. Maria, die Leiterin, hat mich eingewiesen. Von ihr sollte ich alles lernen, um meinen Dienst so gut wie möglich zu leisten. Immer wieder sagte sie mir: „Vom Leichteren zum Schwierigsten, wie alles in Esperanza."

Unzählige Betten reihten sich links und rechts auf. Jeder Patient hatte einen Betreuer an seiner Seite und wurde niemals allein gelassen. Wenn der Betreuer eine Pause brauchte oder sich entfernen musste, kam ein anderer. Die Räume waren hell; das Licht angenehm. Ich begleitete Maria zu ihrer Patientin. Die Frau hatte eine bläuliche Hautfärbung, dunkle Ränder umrahmten ihre Augen, und sie war sehr verkrampft. Von Zeit zu Zeit weinte sie, rief einen Namen, bäumte sich auf. Ihr Leiden war spürbar. Maria stellte sich an das Kopfende des Bettes, legte ihre Hände über dem Kopf der Frau bis sie sich beruhigte. In diesem Moment sah ich Lichtperlen aus Marias Handflächen strömen, die sich über den Körper der Frau verteilten und wie Seifenblasen platzten. Wie vor einem Wunder stand ich verzaubert da. Nach der Behandlung erklärte Maria, dass sie der Frau beruhigende Gedanken geschickt hat und ihr erzählte, was geschehen ist, und wo sie sich befindet.

„Die meisten sind in einem desolaten Zustand, wenn sie zu uns kommen. Sie wissen nicht, was mit ihnen geschehen ist, dass sie auf einer anderen Ebene des Lebens angekommen sind. Sie suchen das, was sie kennen, wo sie gelebt haben und klammern sich an die letzte bewusste Wahrnehmung ihres materiellen Körpers.

Diese Frau ist Opfer eines Verbrechens. Der Täter kam durch die Vordertür ihres Hauses und sie flüchtete durch die Hintertür mit ihrem kleinen Sohn in einem Auto. Es regnete stark. Die nicht asphaltierte Straße war aufgeweicht und breiig. Das Auto rutschte ungebremst die Böschung hinunter in den Fluss. Beide, Mutter und Kind, sind ertrunken. Sie sucht und ruft immer nach dem Kleinen und kämpft um das Überleben, weil sie den Eindruck hat, noch im versunkenen Auto eingesperrt zu sein. Durch die Gedanken, die ich ihr sende, erkläre ich ihr, dass dieser Kampf vorbei ist; dass es ihrem Sohn gut geht und sie sich nicht um ihn sorgen braucht. Ich ermutige sie, sich aus dieser Situation zu lösen, mit mir an den Schöpfer zu denken und sich seiner unendlichen Liebe zu besinnen. Wenn sie sich auf meine Gedanken einlässt und sich beruhigt, fallen die Lichtperlen auf sie und entfachen die Heilung.

Das ist unsere Arbeit: Im *Dienst am Nächsten* in Liebe zu handeln, Hilfe zu leisten und das zu geben, was wir können – unser Mitgefühl, fern von jeglicher Verurteilung, von jeglichem Vorbehalt."

Marias Erklärung beeindruckte mich.

„Hier im Lazarett werde ich wieder mit meinen Ängsten konfrontiert" – dachte ich.

Ich war mir sicher, eine neue Etappe in meinem Lernprozess begonnen zu haben.

So war es auch. Dort konnte ich an dem anderen erfahren, wie es ist, von Ängsten gesteuert zu werden.

Maria musste etwas erledigen und ließ einen verunsicherten Lehrling zurück. Im Verborgenen hoffte ich, dass die Patientin keine Krise bekam.

Doch wir können das Eintreten von Herausforderungen nicht hinausschieben oder beeinflussen. Als die neue Krise begann, handelte ich nach Marias Erläuterungen und Vorgehen, ohne nachzudenken ob richtig oder nicht. Nach einer Weile war die Krise vorbei und ich konnte meine Augen wieder öffnen. Neben mir stand Maria und flüsterte in mein Ohr: „Gott segne dich!"

Ab diesem Moment schenkte ich jedem meine Hilfe mit der Zuversicht – Gott leitet mich! Von nun an wurde ich für die Behandlung und Betreuung dieser Patientin eingesetzt. Jeder von uns Arbeitern im Lazarett fühlte sich für alle anfallenden Aufgaben zuständig, von der Reinigung der Station bis zur Begleitung des Patienten nach Colonia Esperanza.

Von dieser, wechselte ich in die mittlere Station. Sie beherbergte Patienten, die ein ganzes Stück unbewusster waren. Ana leitete *Die Mitte.* Die Betten waren auch links und rechts aufgereiht, doch trugen sie eine Art Gitter. Hier waren die Patienten viel unruhiger, wollten fliehen, suchten Angehörige, beklagten sich. Andere fielen in einem tiefen Schlaf; noch andere in eine Krise von mehreren Tagen. Liebe und Fürsorge waren auch hier die wirksamste Medizin, doch zusätzlich wurden Strenge und Konsequenz von uns gefordert, was ich bis dahin nicht kannte. Liebevolle ermutigende Worte und Gedanken hatten hier keine Wirkung. Wenn der Patient eine Krise bekam, mussten wir manchmal die Gitter einsetzen, um zu verhindern, dass er in einer unbewussten Handlung das Lazarett verließ. Der freie Wille ist unantastbar, dennoch soll jeder die Gelegenheit bekommen, ihn in einem bewussten Zustand zu wählen. In der Krise bekamen die Patienten Medizin verabreicht und alle Helfer im Raum versammelten sich um ihn und sandten ihre heilenden Gedanken bis die Krise vorbei war. Hier kam jeder Helfer an seine Grenze und brauchte öfter eine Erholungspause.

A.: Ist dir gestattet über einen Fall aus dieser Station zu berichten?

G.: Ja! Ein junger Patient war als Courier im Drogengeschäft tätig. Natürlich war er auch Konsument. In den Bergen, durch den Dschungel versteckt, wurde die Droge gepflanzt. Im Grunde, eine segensreiche Heilpflanze, die viel Schmerz und Leiden auf der Erde lindern kann, wenn angemessen eingesetzt. Die Menschen werden noch erkennen, dass kein Naturwesen, weder Tier noch Pflanze giftig oder schädlich ist. Alles was auf der Erde wächst und gedeiht, soll für die Menschen nützlich sein. Jedes Gift ist Heilmittel zugleich, wenn richtig dosiert. Nun, zurück zu unserem Patienten. Durch das Anbauen der Pflanze bekamen die Bauern mehr Geld als durch den Verkauf von Obst und Gemüse. So wurde sie großflächig angebaut. Der junge Mann holte die getrockneten Blätter und brachte sie in die Stadt. Eines Tages wurde er verfolgt. Seine Verfolger setzten die ganze Plantage in Brand. Das Feuer vernichtete nicht nur die Pflanzen, sondern die komplette Bauernsiedlung samt Bewohnern.

In seinen letzten Atemzügen schwor der junge Mann Rache; und in diesem Gefühl des Hasses und der Rache verließ er seinen materiellen Körper. Lange irrte er umher auf der Suche nach seinen Widersachern. Er schloss sich anderen entkörperten Bauern an, die genauso dachten und handelten. Wie er in das Lazarett kam, weiß ich nicht. Ich weiß nur, dass er lange Zeit in der Erstehilfestation verbringen musste, bis er in der Lage war, in *Die Mitte* zu wechseln. Sein Zustand war elend; er war grauenvoll durch Schmerzen entstellt. Und doch geben wir niemanden auf.

Die erste Station im Lazarett war die Erstehilfestation direkt am Eingang. Wenn ich die Vorbereitung in den zwei anderen Stationen nicht gehabt hätte, würde ich auch von hier fliehen wollen. Doch ich würde zurück zur Kolonie gehen. Nur wer in seinem Gottvertrauen gestärkt ist und

93

wahre Liebe erahnen kann, hat die Kraft, in dieser Station den *Dienst am Nächsten* zu leisten. Hier werden die Patienten mit Energie versorgt und sind zum ersten Mal imstande, bewusst Hilfe anzunehmen. Solange die Menschen – verkörpert oder entkörpert – unsere Hilfe nicht annehmen, können wir nicht eingreifen. Für die Helfer aus der geistigen Ebene ist es nicht einfach zu sehen, wie jemand tiefer und tiefer sinkt und nicht gerettet werden kann. Er muss unsere Hilfe wollen und annehmen. Viele rufen um Hilfe; doch wenn wir sie anbieten, wird sie abgelehnt, weil sie den Vorstellungen der Hilferufenden nicht entspricht.

Ich denke an mein Leben auf der Erde und erinnere mich, wie viele Menschen um mich herum unglücklich waren. Wie oft die Predigt genau passend zum Thema des einen oder anderen ausfiel. Es gab eine Blitzbesinnung, die am Ende des Gottesdienstes nicht mehr vorhanden war.

Ich wünsche mir sehr, dass die Menschen, die ich liebe, bald anfangen, sich zu wandeln. Es mach keinen Sinn, die Verse der Bibel auswendig zu zitieren, wenn der wahre Kern der Botschaft nicht erkannt wird. Auch wenn wir nicht fähig sind unsere Aufgabe in diesem Leben zu erkennen, so sollten wir uns wenigstens von den Steinchen in unseren Schuhen befreien; von den Steinchen des

Hasses, des Verdrusses, des Neides, der Macht, der Ungerechtigkeit und des Vorurteils.

Die Arbeit im Lazarett hat mich gelehrt, dass je eher wir uns mit **uns** befassen, mit dem was wir sind – Kinder Gottes – und mit dem, was wir an uns verunstaltet haben, desto leichter ist der Übergang ins geistige Leben. Im Lazarett war ich lange und gerne tätig. Doch habe auch jede Gelegenheit zur Überführung von Patienten in die Kolonie angenommen, um ein paar Stunden mit meinen Freunden zu verbringen und bedingungslose Liebe zu tanken. Und trotzdem verließ ich genauso gerne die Stadt der Hoffnung, um an einer anderen Stelle Hoffnung zu verschenken.

Die Kunstwerkstatt

Den Dienst im Lazarett konnte ich nur bewältigen, weil ich sehr gut vorbereitet wurde. Unerfahrenheit und Labilität hätten mich daran gehindert, meine Aufgaben zu erfüllen. Dadurch, dass wir in unserem Rhythmus wachsen können, erkennen wir auch die stattfindende Veränderung. Am Anfang habe ich dafür einen Spiegel gebraucht. Schon lange brauche ich ihn nicht mehr. Ich bin fähig, mich voll und ganz für einen Bruder einzusetzen, ohne mich zu verlieren. Ich habe gelernt, eine Pause einzulegen, wenn die Grenze des Machbaren erreicht ist, um mich von belastenden Eindrücken zu lösen und neue Energien zu tanken. So war ich froh, immer wenn nötig, entspannen zu dürfen.

Die Kunstwerkstatt ist ein bewundernswerter Ort. Die hier geleistete Arbeit, sowohl von Lehrern als auch von Schülern, begeistert mich. Hier habe ich festgestellt, dass in vielen Fällen die Kunst der Weg ist. Das Endprodukt selbst, ein Bild, eine Statue oder eine Botschaft ist nicht mehr wichtig. Es geht überhaupt darum seinen Gedanken Ausdruck zu geben, und nicht um das Endprodukt; es geht um den Weg, den wir aussuchen, um unsere Geheimnisse mitzuteilen. Dazu gehört ein anderer wichtiger Bereich der Kunstwerkstatt: die Kommunikation und Inspiration.

Der Bereich der Kommunikation, Inspiration und Übertragung wird, unter anderem, aus therapeutischen Gründen eingesetzt. Viele der hier entstandenen Stücke werden auf andere Ebenen übertragen, so auch auf die Erde.

Wenn ein Künstler eine gute Verbindung zu einem Bruder auf einer anderen Ebene hat, der die gleichen Neigungen und Interessen besitzt, werden Gedankenströme ausgetauscht, bewusst oder unbewusst. So zum Beispiel, kann ein Bild, das auf einer geistigen Ebene entsteht, von einem Künstler auf der Erde empfangen und reproduziert werden. Das ist Inspiration – Beseelung und Eingebung. Dieser Bereich ist ein elementarer Bestandteil der Heiltherapien auf unserer Ebene.

Nach dem Tod fallen viele Menschen in eine Art seelische Starre. Sie bleiben lange unter Schock und reagieren nur langsam auf unsere Behandlung. Auch wenn wir die Gründe ihres Verhaltens, ihres Schmerzes kennen und ihre Reaktion akzeptieren, werden sie nicht von der Pflicht entbunden, ihr Leben anzuschauen, zu verstehen und zu verändern. Der Schock verhindert jegliche Kommunikation mit uns. Sobald sie stabil sind, wird ihnen eine handwerkliche oder künstlerische Tätigkeit angeboten. Sie dürfen entscheiden, woran sie gefallen haben. Sie malen ihr Trauma oder das, was sie verstummen lässt; sie spielen es auf einem Instrument oder schreiben es auf. Mit der Zeit öffnet sich langsam der Vorhang, der die Seele verdeckt.

Andere bleiben in ihrem Schmerz und in dem zuletzt Erlebten gefangen, wie unter einer Glocke und können die angebotene Hilfe nicht annehmen, weil sie dort nicht ankommt. Diese entkörperten Menschenseelen bilden die unsichtbare Welt auf der Erde; sie brauchen den Menschen, den verkörperten Menschen, als Mittler, mit identischen Schwingungen und Neigungen.

Obwohl alle Menschen mit der Fähigkeit der Kommunikation und Inspiration zwischen den Ebenen geboren werden, werden diese Fertigkeiten im Verlauf des Lebens auf der Erde unterdrückt, ganz besonders das Empfangen. Diejenigen, die sich durchringen sie zu bewahren und auszubauen, werden als besondere Menschen angesehen. Irrtum, denn jeder Einzelne ist Mittler; ist Mitglied einer Welt, die aus verkörperten und entkörperten Seelen in Wechselwirkung besteht.

Zunächst besuchte ich die Kunstwerkstatt, einfach weil sie eine neue interessante Erfahrung für mich war. Mit der Zeit wagte ich mich auch an Farbe und Pinsel und das Spielen auf einem Instrument. Das Schreiben faszinierte mich. Darin sah ich eine Möglichkeit, meiner Familie meine Reue zu verkünden. Mein Vorhaben war, wenn es mir gestattet würde, das Schreiben und das Übermitteln zu erlernen. Doch, solange ich im Lazarett eingesetzt wurde, war ich ein stiller Teilnehmer, nur ein Beobachter, der sich freute, ein paar Stunden in der Kolonie zu verbringen.

Eines Tages sah ich, wie eine junge Frau ein Bild malte, vertieft in ihren Gedanken. Sie war so in ihrer inneren Welt gefesselt, dass sie nichts um sich herum wahrnahm. Als das Bild fertig war, nahm sie es und ging zum Bereich der Kommunikation. Sie setzte sich, legte das Bild vor sich auf den Tisch, schloss die Augen und wartete. Plötzlich merkte ich, dass beide – Bild und Künstler – durch Farbstrahlen verbunden waren, welche sich auf und ab bewegten wie winzige Lichter in einem durchsichtigen Schlauch. Eine beeindruckende Erfahrung. Als ich Antonio, der dort arbeitete, am Abend traf, erzählte ich von meiner Beobachtung.

„Ein schöner Vorgang, nicht wahr!", bestätigte er. „Das passiert, wenn eine Übertragung auf einen bewussten Empfänger trifft. Unsere kleine Künstlerin verarbeitet ihren Schmerz indem sie die Bilder, die sie malt, an einen bestimmten Empfänger auf der Erde sendet, mit dem sie zu Lebzeiten sehr verbunden war. Sie verabreden sich zu einer bestimmten Stunde für die Übertragung. Das war es, was du beobachtet hast. Auf der Erde malt der Empfänger das übermittelte Bild. So, wie du den Spiegel brauchtest, um deine Veränderung wahrzunehmen, braucht sie dieses Mittel. Jedes Bild ist anders und erzählt einen Teil ihrer Geschichte, von der sie sich langsam lösen kann."

„Und was hat der Empfänger mit ihrer Geschichte zu tun?", fragte ich neugierig.

Antonio packte mich an die Schulter und sagte: „Das, was du hier siehst, ist ein ganz normaler Vorgang im Austausch zwischen beiden Welten, der geistigen und der materiellen. Ein Austausch begünstigt beide Seiten. Der Empfänger, durch seine bewusste Bereitschaft zu empfangen, bekommt geistige Energie. Diese Lichtlein, die du gesehen hast, sind für ihn Heilenergie ist.

Durch einen einzigen Vorgang findet Heilung und Wachstum in zwei Seelen statt, die sich auf verschiedenen Ebenen befinden. Wenn der Empfänger unbewusst empfängt, wird weniger Heilenergie empfangen, da ein Teil davon an seinen Barrieren abprallt. Wenn er unbewusst, aber offen gegenüber seiner Intuition ist, bekommt er die Übertragung, wertet sie aber als eigene Gedanken. Der bewusste Empfänger kennt den Unterschied zwischen eigenen Gedanken und Übertragung; eigenen Ideen und Inspiration.

Auch wenn der bewusste Austausch wichtig im Entwicklungsprozess der Menschen ist, trägt jede Art der Wahrnehmung zum Fortschritt bei, solange die sich verbindenden Kräfte, Licht- bzw. Heilenergie sind."

Nach dieser Erfahrung wurde die Kunstwerkstatt mein zweites Zuhause. Immer, wenn ich von dem Dienst im Lazarett befreit wurde, konnte man mich hier finden. Und besonders gerne hielt ich mich in der Schreibwerkstatt auf. Es war faszinierend zu beobachten, wie die Menschen meiner Welt kleine Gedichte oder Botschaften schrieben, an ihre Angehörigen oder empfängliche Menschen auf der Erde übermittelten; und wie die Strahlen der Dankbarkeit den Raum durchfluteten, besonders leuchtend, wenn sie von der Erde kamen.

Ich habe begriffen, dass der Mensch von mehr oder weniger Einflüssen umgeben ist, die von ihm, gemäß seiner Stimmung, aufgenommen werden. Wenn ich dies gewusst hätte, während meines Lebens auf der Erde, wäre ich vorsichtiger mit meinen Gedanken umgegangen.

Immer, wenn ich mich ärgerte, ließ ich mich von den Gedanken so herunterziehen, dass aus einer kleinen Verstimmung, ein großer Streit entstand. Die Beeinflussung der uns umgebenden unsichtbaren Welt ist weit größer, als wir erahnen können. Manchmal, ist der kleine Stein im Schuh Auslöser von Wutausbrüchen, die, vor allem, an den uns nahen Personen ausgelassen werden, wobei es so einfach wäre, den Stein zu entfernen. Doch wir sind eher bereit die Botschaften zu empfangen, die mehr Kohle ins Feuer dieser gereizten Situation werfen, als die, die uns empfehlen, den Stein zu entfernen. Unsere Bereitschaft ist ausschlaggebend dafür, ob wir positive oder negative Einflüsse annehmen. Jetzt erkenne ich, wo mein Verwalten fehlerhaft war. Im diesem Punkt hat mir mein Glaube, Gottes Furcht und Gnade und der Ruf ein Christ zu sein, nicht geholfen. Es war ein verzerrtes Bild, welches ich heute im Licht der Liebe langsam entzerre und neu entdecke. Wäre ich auf die Beeinflussung der unsichtbaren Welt aufmerksam gemacht worden, hätte ich die Möglichkeit gehabt, zu entscheiden, ob ich sie annehme oder ablehne. Daher ist es für mich eine unvergessliche Erfahrung zu erkennen, dass der Austausch von Licht und Liebe zwischen den Welten möglich und heilsam ist auf allen Ebenen. Ein winziger Gedanke der Verbundenheit, der Dankbarkeit oder gar die simple Erinnerung kann eine Seele retten.

Dienst am Nächsten

Mein Dienst im Lazarett war eine gute Vorbereitung auf den uns nahenden Einsatz. Das Leben auf dieser Ebene verläuft unter dem Mantel der Liebe und dem Gesetz: „Liebe deinen Nächsten, wie dich selbst". Dieses Gesetz mit all unseren Sinnen zu erfassen, ist ein langer Prozess. Leichter macht es uns die liebevolle Umgebung in die wir eingetaucht sind. Anstelle von Luft, atmen wir Liebe; eine Liebe, die für die Menschen auf der Erde kein Begriff ist, nicht einmal eine Ahnung. Wer sich nicht als Samen der Liebe Gottes erkennt, kann die Ordnung, das Prinzip, die Kraft, die das Universum zusammenhält und belebt, nicht erfassen. Nur durch die behutsame Begleitung und die gemachten Erfahrungen konnte ich mich erkennen, verzeihen und annehmen. Wobei das Annehmen das meiste von mir abverlangte. Wenn ich heute zurück schaue und mir die überstandenen Hürden ansehe, bin ich zufrieden mit dem Ergebnis, denn hier habe ich mich zu einem liebenden Menschen entwickelt, der die bedingungslose Liebe im Kern seines Seins spürt. Es ist leicht, das zu geben, was man im Überfluss hat.

Eines Tages wurden alle Bewohner von Esperanza aufgerufen, sich im großen Park vor dem Verwaltungsgebäude zu versammeln. Das hat hauptsächlich bei den Neuen, so auch bei mir, ein aufregendes Gefühl ausgelöst. Betreuer, Lehrer und Begleiter klärten ihre Schützlinge auf und betonten, dass eine solche Maßnahme immer stattfindet, wenn eine große Aufgabe ansteht.

Der gesamte Verwaltungsrat erschien auf dem Balkon des Verwaltungsgebäudes. Fünf Menschen, die Licht und Liebe ausstrahlten, wie man sich auf der Erde nur von Engeln vorstellen kann. Alle fünf hatten weder Flügel noch Heiligenschein und dennoch waren sie engelhafte Erscheinungen. Ein beeindruckendes Bild.

„Liebe Brüder und Schwestern seid gegrüßt!", sagte der Präfekt. „Lasst uns unsere Gedanken an die Gnade Gottes und an die Liebe, die uns alle verbindet, richten und dafür danken."

Nach einer kurzen Pause für das Gebet der Dankbarkeit erklärte er uns: „Eine schwere Zeit wird auf die Region der Erde zukommen, zu der die Kolonie zählt. Massive Kräfte halten die Erde solange unter Spannung, bis sie sich entladen können. Sie verursachen Naturkatastrophen und somit auch die Entkörperung vieler Menschen. Auf einen solchen Fall sollten wir uns vorbereiten. Alle Veranstaltungen, Dienste, Lehrgänge sind ab sofort eingestellt. Lehrer und Betreuer werden die Organisation des Notstandes einleiten. Lasst uns mit Besonnenheit und Vertrauen den *Dienst am Nächsten* antreten."

Wir starteten sofort mit der Schaffung von Aufnahmeräumen für die Ersthilfe. In den unzähligen Räumen des Bildungszentrums, der Bibliothek, Werkstätten, Theatern wurden Notunterkünfte eingerichtet, so auch in den Parks und Gärten. Die Aufwachstation und das Domizil wurden aufgestockt. Ich meine tatsächlich mit einem zusätzlichen Stockwerk. Freiwillige versammelten sich in Gruppen und suchten einen Betreuer, der sie unterweisen konnte. In kurzer Zeit verwandelte sich die Kolonie in eine große Hilfsstation. Die Arbeiter in der Aufwachstation und im Domizil übernahmen die Aufsicht von mehreren Menschen gleichzeitig, damit andere in den *Dienst am Nächsten* eintreten konnten.

Am nächsten Tag erreichte uns die Nachricht, dass Esperanza hundert Helfer in das Katastrophengebiet schicken würde. Freiwillige sollten sich melden, um auf den sich nähernden Dienst vorbereitet und eingewiesen zu werden.

Zunächst war ich mir nicht sicher, ob ich mich melden sollte. Mir tat die Arbeit im geschützten Raum der Kolonie gut; dort fühlte ich mich sicher. Die einzige Zeit außerhalb der Kolonie war der Dienst im Lazarett, der von mir schon viel Kraft gefordert hatte. Etwas verunsichert suchte ich meine Freunde Mauricio und Antonio auf, die als Gruppenleiter für solche Einsätze bereits Erfahrung hatten.

„Melde dich", sagte Mauricio, „und wenn du dich nicht sicher fühlst, kannst du immer noch im Innendienst tätig werden. Egal in welchem Bereich, jede Hilfe ist willkommen."

Die Vorbereitungen fanden im Theater statt. Der Saal war mit hunderten Esperanzianern komplett belegt. Die fünf Mitglieder des Verwaltungsrates saßen an einem Tisch auf der Bühne.

„Wir freuen uns, dass so viele Brüder und Schwestern sich an diesem Einsatz außerhalb unserer Stadt beteiligen wollen", verkündete die höhere Schwester zu uns. „Nicht alle werden in die Katastrophenregion reisen, aber alle werden darauf vorbereitet, denn die Hilfe, die wir leisten können, ist umfangreich und nicht vorauszusehen.

Die Entladung der aufgestauten Kräfte wird als Erdbeben im südamerikanischen Raum stattfinden. Die Kolonien über dem Pazifischen Ozean führen die gleichen Maßnahmen durch und sind auch imstande, die Entkörperten aufzunehmen. Diese Maßnahmen sind notwendig, weil keiner von uns die genaue Anzahl der Verstorbenen ermitteln kann, zumal viele Menschen die Pfade ihres Lebens durch den freien Willen ändern. Wir zeigen euch nun einige Bilder, die von höheren Ebenen kommen, damit wir uns auf die kommende Zeit vorbereiten können. „

Der Saal wurde verdunkelt, seitlich an den Gängen gingen violette Lichter an, und auf der Bühne, hinter dem Rat, bildete sich eine große Projektionsfläche. Nach einigen Sekunden erschienen die ersten Bilder.

Durch eine gewaltige Explosion löst sich die gestaute Energie aus dem Inneren der Erde und schiebt Schichten der Meeres- und Kontinentalplatten aufeinander. Dies geschieht an der Westküste von Südamerika in mehreren Metern Tiefe. Die Gebäude auf der Oberfläche fallen zusammen wie ein Kartenhaus. Ohne Vorwarnung werden Menschen von den fallenden Trümmern verletzt, erschlagen und begraben. Erst einige Zeit später sind die Menschen in der Lage, das Ausmaß der Naturgewalt zu erfassen.

Das Bild blieb einige Sekunden stehen bis die Lichter angingen.

„Liebe Brüder und Schwestern. Das ist unsere nächste Herausforderung. Macht euch auf den Weg, denn es bleibt uns nicht mehr viel Zeit."

Die Leiter des Einsatzes wurden vorgestellt. Sie bildeten zehn Gruppen mit jeweils zehn Helfern. Fünf Gruppen wanderten direkt zum Katastrophengebiet und die restlichen fünf verteilten sich auf die umliegenden Hilfsstationen. Ich habe mich einer Gruppe angeschlossen, die zum Erdbebengebiet ging.

Die erdrückende Schwingung spürte ich umso intensiver, je näher wir an das Gebiet kamen. In meinem Kopf erschien das Bild wie sich der Druckkessel im Ozean aufblähte. Die Explosion war nicht mehr fern. Der Leiter unserer Gruppe rief uns zu: „Achtung! Es geht los!", und schon wurden wir durch die starke Schwingungswelle durch den Raum gewirbelt. Ich hatte den Eindruck in viele kleine Teile zerfetzt worden zu sein. Als der Schreck vorbei war, schaute ich zunächst, ob all meine Teile noch an gleicher Stelle waren – sie waren! – dann erst, konnte ich feststellen, dass die Mitglieder der Gruppe die Druckwelle gut überstanden hatten. Noch etwas benebelt gaben wir uns die zittrigen Hände und tauchten in die materielle Welt hinein.

Und so standen wir da, in einer Reihe, Hand in Hand am Horizont, am Rande der Trümmer.

Verletzte und Unversehrte rannten schreiend umher und halfen, wo sie konnten. Ohrenbetäubend heulten die Sirenen ein qualvolles Lied. Langsam gingen wir auf die in Panik geratene Masse zu. Einige Verletzte warteten auf Versorgung, doch die Sanitäter liefen durch sie hindurch oder über sie hinweg, ohne sie zu beachten. Sie bluteten, hatten klaffende Wunden, gebrochene Glieder und schrien um Hilfe. Für die Unbeachteten waren wir gekommen, sie waren auf unsere Hilfe angewiesen.

Unser Einsatz war nicht von dem der Sanitäter zu unterscheiden. Wir beruhigten, versorgten und sobald es möglich war, brachten wir die *Überlenden* in die ortsnahen eingerichteten Hilfsstationen. Sobald eine Gruppe versorgt war, holten wir eine neue Gruppe Entkörperte. Einige von uns beruhigten die Verschütteten, die entkörperten Verschütteten, die nach Luft rangten und nicht fähig waren, hinaus zu kommen, weil sie sich an ihre Körper fesselten. Sie hörten und sahen uns nicht; blieben Tage und Wochen danach eingeschlossen bis sie bereit waren, unsere Hilfe anzunehmen.

Entkörperte Menschen liefen umher, suchten nach Angehörigen, die sie weder zwischen den Lebenden noch in den Trümmer finden konnten. Auch sie mussten wir überzeugen, dass ihre Lieben gut versorgt in einer der Stationen auf sie warteten.

Als die erschöpfende Arbeit vorbei war, wurde uns gestattet, etwas ausruhen. Die Gruppen aus den Hilfsstationen, wechselten in das Trümmergebiet. So konnten wir uns von den schrecklichen Bildern erlösen, indem wir uns auf die Arbeit danach konzentrierten. Sobald die entkörperten Menschen in den Hilfsstationen entkrampft und ruhig waren, wurden sie zu den umliegenden Kolonien gebracht.

Bei meiner ersten Rückkehr nach Esperanza in Begleitung einer Gruppe Patienten wurde mir bewusst, was wir an Vorbereitungen geleistet hatten. Nicht nur entkörperte Menschen wurden hier versorgt: hier traf ich zum ersten Mal Entkörperte auf Zeit – Komapatienten. Für den einen reicht eine kurze Rast im geistigen Raum; für den anderen ist eine längere Ruhepause vonnöten, je nach Verletzungsgrad. Auch für diese kurzweiligen Aufenthalte mussten wir eingerichtet sein.

In Fällen von Koma, verweilt die Seele in der geistigen Ebene des Lebens, damit der Schmerz, das Leiden des materiellen Körpers, nicht auf sie übertragen wird. Erfahrungen, die nicht zu ihrem Fortschreiten beitragen, muss sie nicht speichern. Während der Körper in eine Art Schlaf fällt, ist der Geist quicklebendig. Außerhalb der eingrenzenden Materie und ohne den ständigen Einfluss des Verstandes kann er sich frei entfalten. Ein Beweis dafür ist, dass viele Menschen, die eine solche Reise unternommen haben, sehr verändert zurückkommen.

Für den kurzweiligen Aufenthalt wurden Zelte auf den Grünflächen von Esperanza aufgestellt. Brüder und Schwestern aus benachbarten kleineren Kolonien leisteten Ersthilfe und sorgten dafür, dass diese Seelen den Grund ihrer Entkörperung erkennen und akzeptieren. Wie in einem Film durften sie sehen, wie der eigene materielle Körper versorgt wurde.

Schwieriger wurde es, wenn die Seele eine Rückkehr in den materiellen Körper ablehnte und Esperanza nicht mehr verlassen wollte, was ich durchaus verstehen kann. Wer einmal das Paradies erlebt, möchte es nicht freiwillig verlassen. Diese Seelen bekamen spezielle *Therapien* und durften bleiben bis sie den Sinn ihres irdischen Lebens und die Bedeutung dieser besonderen Erfahrung für sich und ihre Mitmenschen erkannten.

Ich weiß nicht, wie lange ich vor dem großen Zelt im Park stand. Versunken in meine Gedanken, atmete ich die Eindrücke und die Geborgenheit dieses Ortes ein. Doch mein Einsatz auf der Erde war nicht beendet. Viele Seelen waren noch auf unsere Hilfe angewiesen. Ein letztes Mal atmete ich bewusst hoffnungsvolle Luftliebe ein, bevor ich mich in Richtung Südtor aufmachte, wo sich die Helfer für die Rückkehr zur Erdoberfläche versammelten.

Einige Male passierte ich noch das Tor der Ungewissheit – wie das Südtor genannt wird. Die Gewalt der Kraftentladung an der Westküste Südamerikas und ihre Folgen für die Erde waren für mich nicht vorhersehbar. Dafür sind wir Bewohner von Esperanza noch zu unerfahren. Doch der Einsatz auf der Erdoberfläche hat uns noch intensiver miteinander verbunden. Bei einem Naturereignis solchen Ausmaßes verlassen viele Seelen ihren materiellen Körper. Doch zum Ausgleich nehmen entsprechend viele ihren materiellen Körper an. Das ist der unendliche Kreislauf des Lebens

Jede gemachte Erfahrung, unabhängig davon, ob im materiellen Körper oder nicht, hinterlässt ihre Spuren. Größere und kleinere Wunden, die manchmal über einen langen Weg beachtet und behandelt werden müssen, bis sie an Bedeutung verlieren und zu kleinen Narben, wie die von Windpocken, schrumpfen. Die Krankheit wurde besiegt, der Schmerz vergessen, nur die kleine unmerkliche Narbe erinnert uns daran. Die Seele vergisst nichts. Sie lernt, ihren Erfahrungen die richtige Gewichtung beizumessen. Auch wir, die diesen Einsatz gemeistert haben, mussten lernen, die beeindruckenden Bilder in kleine Erfahrungsnarben auf der Fläche unseres Geistkörpers umzuwandeln.

Lehrgang II

Mauricio, Antonio und ich waren glücklich, wieder vereint zu sein. Die vertraute Umgebung, die Freunde, die Kolonie selbst, bescherte uns Geborgenheit und Frieden. Mir ganz besonders. Die Mitglieder unserer Einsatzgruppe trafen sich regelmäßig zum Austausch und zur Verarbeitung ihrer Erlebnisse. Ich genoss die freie Zeit und entspannte mich bei Vorlesungen, Vorträgen und Gruppengesprächen. Doch am meisten erfreuten mich die Abende auf der Terrasse unter der Blütenpergola. Von dort aus beobachtete ich die funkelnden Sterne und sandte erbauende Gedanken an meine Brüder und Schwestern, die dort draußen in der Ferne, vielleicht auch zu mir hinüber schauten. Vielleicht saßen sie auch auf einer Terrasse, unter einer Blütenpergola und sandten ihre erbauenden Gedanken zu uns... Es schien mir, jeder Stern versuchte stärker zu blinken, um meine Aufmerksamkeit zu erhaschen. So schenkte ich allen meine Liebe.

Nach ein paar Tagen des Müßigganges wurden alle hundert Helfer, die im Einsatz auf der Erdoberfläche gewesen waren, ins Theater beordert. Gespannt überlegten wir, ob wir vor einer neuen Herausforderung standen.

Der Verwaltungsrat sprach sein Dank aus für unseren Einsatz im *Dienst am Nächsten* und versicherte uns, dass keiner in seinem Schmerz allein gelassen wird, weder auf der Erdoberfläche, noch auf der geistigen Ebene des Lebens.

„Die Neulinge, die einen solchen Einsatz erstmals erlebten, werden in einem weiteren Lehrgang intensiv betreut", kündigte der Präfekt an.

So begann auch für mich Lehrgang II, der in einem speziellen Gebäude des Bildungszentrums stattfand. Der Saal war rund; eine Panorama-Projektionsfläche erstreckte sich über knapp einhundertachzig Grad und bildete einen Halbkreis um die zwanzig Sitze. Viele bekannte Gesichter betraten den Raum; unter anderem, ein Mann und eine Frau, denen ich ab und zu während des Einsatzes begegnet war. An ihrer weiß-schimmernden Robe konnte ich erkennen, dass es sich nicht um Neulinge handelte.

Sofia und Urban – genannt Doc – hatten sich vorgestellt und Lehrgang II erklärt. Sofia übernahm die Einführung und begann mit einer Frage:

„Kann jemand von euch erklären, was auf der Erdoberfläche geschehen ist?"

Sofort meldeten sich mehrere, doch Miguel wurde gebeten seine Erklärung abzugeben:

„Ein Erdbeben an der Westküste von Südamerika hat viel zerstört und mehrere hundert Menschen in den Tod gezogen", antwortete er.

„Das ist richtig!", erwiderte Sofia freundlich. „Aber das ist das Ergebnis vom Zusammenspiel und Wirken mehrerer Faktoren. Diese Faktoren und ihre Konsequenzen sind das Hauptthema unseres Studiums. Für jeden von euch, war es der erste Einsatz dieser Art. Der erste von unzähligen, die noch kommen werden. Darum ist es erwünscht, dass alle sich aktiv beteiligen, hemmungslos. Wir sind ein Team. Der kleine Unterschied zwischen uns ist, dass unser Doc, viele tausende Einsätze dieser Art geleitet und die Wichtigkeit der Arbeit danach erkannt hat. Deswegen sind wir hier, um über unseren Erfahrungen zu sprechen, Neues zu entdecken und mehr über uns und die Menschheit zu lernen. Nicht wahr, Doc?"

Sofia war eine große, schlanke Schönheit, mit wallendem blondem Haar. Ihre Haut war hell, fast transparent, so dass Körper und Gewand kaum zu unterscheiden waren. Der Klang ihrer Stimme beruhigte und hüllte uns in eine wohlige Wärme

117

ein. Sie war die Brandung und Doc der Fels. So ergänzten sie sich in allem.

Doc erklärte uns zunächst, dass sein Beiname von den Studenten gegeben wurde. Inzwischen kennt nur eine Handvoll Bewohner seinen eigentlichen Namen. Anfangs hatte er sich dagegen gewehrt, doch auch er musste lernen, anzunehmen — auch einen Namen, den man nicht selbst ausgesucht hat.

„Auf der Erde wird der Name eines Kindes hauptsächlich von den Eltern ausgesucht. Im geistigen Raum bekommt jeder die Gelegenheit, sich selbst, nach seinem Empfinden zu benennen. Manche...", meinte er und schmunzelte. „Meine Brüder und Schwestern sahen andere stärkere Eigenschaften oder Talente in mir. So wurde ich von Urban — das bedeutet in der Stadt lebend, städtisch — in Doc umbenannt und...“

Sofia unterbrach ihn mit einem Handzeichen.

„Doc wird so genannt, weil er sehr weise ist. Weise und bescheiden. Es gibt kein Thema, worüber er nicht referieren könnte. Ihr könnt ihn alles fragen und werdet immer eine Antwort bekommen.“

Die lockere Atmosphäre weckte in jedem von uns ein gutes Gefühl. So begann Lehrgang II.

118

Auf der Leinwand wurden Szenen aus dem Katastrophengebiet projiziert und wichtige Elemente besprochen, wobei ich erwähnen muss, dass die Bilder auf der Leinwand durch Gedankenübertragung erschienen. Was mich am meisten überraschte und beeindruckte, war die Verwirrung der Entkörperten aus dieser Perspektive zu sehen.

Als ich im Einsatz war, konnte ich die Einzelheiten des Geschehens gar nicht erfassen. Alle Helfer haben gehandelt, haben funktioniert ohne zu überlegen. In so einer Ausnahmesituation ist das Tun das Wichtigste. Die Schwelle zwischen Leben und Tod ist so gering, dass sie von den meisten, die sie übertreten, erst viel später erkannt wird. Besonders wenn der Übergang durch eine unerwartete Situation eintritt, wenn der Übergang sie überrascht. Der Entkörperte erkennt den Unterschied zwischen materiellem und geistigem Leben zunächst nicht. Er handelt und denkt wie der physische Mensch, der er war. Erst wenn er in seiner Verzweiflung merkt, dass keiner ihn hört; dass die Sanitäter an ihm vorbei laufen, um andere zu versorgen oder sogar durch ihn hindurch gehen, ohne ihn zu beachten, begreift er, dass eine Veränderung stattgefunden hat, die er nicht versteht. Diese Verzweiflung und die anschließende Verwirrung auf der Leinwand zu sehen, berührte mich sehr, besonders die Fälle, in denen die Entkörperten die Hilfe unserer Mannschaft nicht annahmen, weil sie uns nicht erkannten. Sie hörten und sahen uns nicht. In dieser Situation mussten wir eingreifen und für eine kurze Zeit den freien Willen des Menschen unterbinden. Wir entschieden, was für ihn das Beste war, wir betäubten sie und brachten sie zu den Hilfsstationen, wo sie die erste entscheidende Versorgung bekamen.

Nun erkannte auch ich, dass der unantastbare freie Wille in Ausnahmensituationen übergangen werden kann.

Bilder aus den für diesen Einsatz eingerichteten Erstehilfestationen wurden uns zwecks Aufklärung gezeigt. Die Betroffenheit war in unseren Gesichter zu sehen. Wir sahen Bilder von entkörperten Brüdern und Schwestern, die, nachdem sie versorgt wurden, sich entschieden zum Ort des Geschehens zurückzukehren, um nach Angehörigen zu suchen oder bei ihnen zu bleiben.

Sie waren noch nicht bereit, loszulassen und hielten sich an dem gerade vergangenen Leben in der Körperlichkeit fest. Sie gingen aus Sorge um ihre Kinder, ihre Ehepartner, aus Angst um ihre Wertsachen, sie gingen aus Wut und aus Verzweiflung, aus Angst, aber auch aus Zweifel an der Tatsache, dass es ein Leben danach gibt. Viele glaubten, die geistigen Helfer waren *normale* Menschen, die sie, durch ihre Bitte mit ins Licht zu kommen bzw. zu bleiben, täuschen, einsperren und an ihrem Vorhaben hindern wollten. Jeder, der die Hilfsstation verlassen wollte, durfte gehen.

Diese Bilder ließen uns verstummen. Nur das leise Summen der Gebete durchflutete den Raum.

„Bedenkt, dass ihr oder einige von euch auch dieser Überzeugung wart", sagte Doc. „Das Leben nach dem Tod ist noch keine absolute Wahrheit auf der Erde, auch wenn schon über zweitausend Jahre darüber berichtet wird. Wurde die Lehre Jesu zu früh an die Menschheit gegeben? War die Menschheit noch nicht bereit für Wahrheit? Ist die Menschheit denn heute bereit für sie?", fragte er uns ohne eine Antwort zu erwarten.

In diesem Lehrgang II lernten wir, mit verschiedenen Situationen des Überganges von dem einem in das andere Leben umzugehen und unternahmen einige Reisen zur Erdoberfläche.

Jeder Bewohner von Esperanza ist ein Helfer. Aufgrund des eigenen Lernprozesses sind nicht alle für die gleiche Hilfestellung geeignet. Das Ziel unseres Lernens ist, Erkenntnis in Handlung umzusetzen. Die Herausforderung bzw. Prüfung ist dann, auf der Erde ein neues Leben gemäß unserer

Erkenntnis zu leben. Das und nur das ist unsere Aufgabe, wenn wir auf ein neues materielles Leben eingehen.

Von oben sieht die Welt anders aus. Der Weitblick verschafft uns Wahrheiten, die wir vorher nicht einmal erahnen konnten. Erst in einem Ballon erkennen wir das, was uns in der Tiefe die Sicht versperrt. Und trotzdem können wir durch die Erfahrung anderer lernen. Warum sollen wir durch dornige Büsche gehen, wenn wir ahnen können, dass sie uns verletzen? Andere haben schon die schmerzhafte Erfahrung gemacht...

Die erste Studienreise in Docs Begleitung führte uns zum Ort der Katastrophe zurück. Die Trümmer waren zum Teil beseitigt, die Normalität, nach so vielen Monaten, oberflächlich zurückgekehrt. Die Menschen führten ihr gewohntes Leben wieder – fast wie vorher, denn, sie konnten sich dem Einfluss der Zurückgekehrten nicht entziehen. Solche Reisen werden regelmäßig unternommen, denn der Bedarf ist groß.

Unsere aktuelle Reise hatte das Ziel, einige Zurückgekehrte und Zurückgebliebene zu überzeugen, mit uns ins Licht zu kommen. Wir stellten uns am Horizont auf, und jeder suchte sein Wirkungsfeld aus. Manche entschieden sich dazu, sich einer Gruppe Entkörperter zu widmen; andere wandten sich an Einzelne. Ich konnte mich nicht sofort entscheiden und wanderte durch die Straßen. Plötzlich hörte ich ein leises Wimmern, welches im Lärm der Stadt unterging. Konzentriert folgte ich der leisen Stimme, die mich, wie ein Wegweiser leitete. Vor einem zerstörten Haus blieb ich stehen. Das Dach war eingestürzt, dicke Balken lagen übereinander auf dem Boden. Die Trümmer hatten einen Hohlraum gebildet, aus dem das Wimmern kam. Dort weinte die Frau, hielt ihr Kind im Arm und wiegte es in den Schlaf. Auch das Kind jammerte. Ich konzentrierte mich auf die Überwindung der Materie und stand im Nu neben der Frau.

„Liebe Schwester", sagte ich zu ihr, „ich komme, um dich und dein Kind zu befreien."

Ich streckte ihr die Hand entgegen aber sie reagierte nicht.

„Komm mit mir."

Die Frau hörte mich nicht und jammerte weiter:

„Mein Baby, mein Baby."

Ich legte meine Hände über ihren Kopf, ohne ihn zu berühren, und bat meine höheren Brüder um die Eingebung erlösender Worte, damit dieser Frau geholfen werden konnte.

„Gute Frau", versuchte ich weiter, „willst du in dieser Dunkelheit verbleiben, wenn draußen das heilende Licht scheint? Dein Kind kann auch nicht schlafen, solange es deinen Kummer spürt. Begleite mich hinaus. Nimm meine Hilfe an. Es wird Zeit, dass du zur Ruhe kommst; dass du und dein Kind in de erlösenden Schlaf fallen könnt."

Sie streckte mir die Hand entgegen und sagte: „Aber wir können nicht hinaus. Wir sind hier eingeschlossen."

„Wenn ich hineingekommen bin, können wir auch hinausgehen. Vertraue mir. Schließ die Augen; entspanne dich. „ erwiderte ich und nahm ihre Hand.

Sekunden später waren sie befreit. Draußen, übergab ich Mutter und Kind an die wartenden Geistbrüder und bedankte mich bei allen, die mir geholfen haben.

Doc kam mir entgegen, sagte „Gut gemacht!" und umarmte mich.

„Das brauche ich jetzt auch. Danke!", flüsterte ich. „Ich fühle mich so beschenkt...Und doch war die Erfahrung bedrückend und aufregend zugleich."

„Mutter und Kind haben sich gegenseitig festgehalten", erklärte er. „Sie konnte das Kind nicht loslassen und aus Angst konnte das Kind nicht gehen. Sie bauten eine so große Abhängigkeit auf, die wie ein starker Magnet wirkte. Resigniert schlossen sie sich in ihrem eigenen Schmerz ein und konnten nichts anderes mehr wahrnehmen. Jetzt haben sie die Möglichkeit, zu heilen und zu wachsen. Doch wenn sie nicht bereit gewesen wären, mit dir mitzukommen, hättest du nichts machen können."

„Aber das wäre doch schlimm!", erwiderte ich empört „Ich würde sie zwingen mit mir mitzukommen..."

„Es wäre dir trotzdem nicht gelungen. Denke an die Zurückkehrenden. Wir können sie nicht gegen ihren Willen bei uns halten."

Wieder einmal sah ich mich in einer Situation, in der ich gewonnene Erkenntnisse in Tat umsetzen konnte. Das sind unsere Prüfungen. In diesem einen Fall war ich erfolgreich. Viele Befreiungsversuche danach scheiterten. Nicht ich scheiterte, sondern der Versuch. Für diese Menschenseelen war die Zeit, ins Licht zu gehen noch nicht reif. Sie konnten sich von ihren Emotionen nicht lossagen; von ihrer Wut, ihrem Ärger, ihren Sorgen, ihrer Angst und all dem, was Menschen an die materielle Welt ankettet.

Eine ganz andere Erfahrung machte ich auf einer Studienreise in ein Krankenhaus. Dort traf ich das erstemal auf viele geistige Brüder und Schwestern, die kranke Menschen versorgten. Ihre Medizin waren beruhigende, vertrauenerweckende Gebete für den gewagtesten Schritt des Menschen auf der Erde – der Schritt ins Licht.

Sie blieben Tag und Nacht an ihrer Seite und flüsterten ermutigende Worte, halfen ihr, sich an wichtige Stationen zu erinnern, zu verzeihen, zu erlösen. Nichts auf dieser materiellen Welt ist so wichtig, dass es uns hier festhalten sollte.

Diese Vorbereitung dauert manchmal ziemlich lange und doch ist sie notwendig, um den Menschen die Aussöhnung mit sich und anderen zu ermöglichen. In dieser Phase zeigen wir wie entscheidend es ist, alles hinter sich zu lassen und das Vertrauen in die Gnade der Schöpfung aufzubauen.

Ich beobachtete, wie sich in einem Nebenzimmer ein Entkörperter und ein geistiger Bruder gegenüber standen und sich unterhielten:

„Wie ist es möglich, dass ich hier stehe und gleichzeitig im Bett liege?"

„Das passiert, wenn die Seele den Körper verlässt. Du bist eine Menschenseele, die den materiellen Körper verlassen hat. Der Körper liegt jetzt leblos auf dem Bett, du bist aber lebendig, stehst hier und sprichst mit mir. Du begreifst gerade, dass das Leben nach dem Tod nicht vorbei ist."

Viele solcher Reisen habe ich mit der Gruppe gemacht. Reisen zur Überführung von dem einen in das andere Leben werden immer von einer Gruppe unter Aufsicht eines erfahrenen Bruders unternommen. Einerseits, konnten wir stets unser Wissen erweitern und bedeutende Erfahrungen für unser Fortkommen machen; andererseits war sie eine wunderbare Möglichkeit, den *Dienst am Nächsten* zu vollziehen.

Eines Tages bestellte mich Doc zu sich.

„Es muss schon etwas Außergewöhnliches sein", dachte ich und machte mich auf den Weg zum Bildungszentrum.

Er kam mir entgegen, legte einen Arm um meine Schulter, führte mich zum Sessel und sagte ernst:

„Setzt dich".

Ohne ein Wort zu sagen, schaltete er hinter sich das Übertragungsgerät ein und setzte sich mir gegenüber auf der Kante des Schreibtisches.

„Ich habe dich selten so ernst und wortkarg erlebt. Was ist los, Doc?", fragte ich aufgeregt.

Auf der Leinwand erschien meine irdische Familie voller Kummer und Schmerz.

Doc starrte mich an und sagte:

„Es scheint so, als würde deine zweitjüngste Tochter bald die Erde verlassen. Der Zeitpunkt hängt davon ab, wie schnell sie das irdische Leben loslassen kann."

Meine größte Sorge war eher, wie ihr Umfeld darauf reagieren würde.

Als hätte Doc meine Gedanken gehört, fuhr er fort:

„Sie möchte nur gehen, wenn sie die Gewissheit hat, dass ihr Mann und ihre Kinder ihre letzte Reise akzeptieren."

„Was hat sie? Was wird ihre Entkörperung verursachen?"

„Sie hat einen Gehirntumor."

Gedankenfetzen blitzten auf wie Leuchtkäfer in der dunklen Nacht. Auch wenn ich mehr über das Leben wusste als sie, hat mich diese Nachricht erschüttert. Ich wusste, dass der Druck von außen den Druck in ihrem Kopf erhöhen und die verbleibende Zeit schwieriger gestalten würde. Ihre Angehörigen waren von ihrer Stärke und Lebensfreude abhängig.

„Was kann ich für sie tun? Doc, sag mir bitte, wie ich ihr helfen kann. Darf ich zu ihr?"

Nein, ich durfte nicht zu ihr reisen, wie schon unzählige Male zuvor zur Hilfe anderer Brüder und Schwestern. Doc erklärte mir, dass mein emotionaler Körper noch sehr empfindlich sei, und eine Herausforderung solchen Ausmaßes würde mich eventuell zurückwerfen und ihr nicht helfen. Meine emotionale Stabilität könnte durch die Nähe meiner irdischen Familie Schaden nehmen.

Er gab mir sein Übertragungsgerät und sagte:

„Nimm es mit! Dadurch kannst du einmal am Tag bei ihnen sein und sehen, wie sie mit der Situation umgehen. Von hier aus bist du ihnen eine größere Hilfe. Die Entfernung schafft emotionalem Abstand, und du kannst besser beurteilen, was deine Tochter braucht. Sie ist dir sehr zugetan. Deine positiven Schwingungen wird sie wahrnehmen."

An verschiedenen Tagen und zu verschiedenen Zeiten schaltete ich das Gerät ein und konnte meine Familie sehen. Doch der Hauptfokus lag bei meiner Tochter, denn sie brauchte mich jetzt mehr denn je. Es war gut, dass sie noch zwischen den Kontinenten reisen konnte, zwischen Japan, wo sie und ihre Familie wohnten und Brasilien, wo Mutter und Geschwister lebten. Wenn ihre Kräfte schwanden, suchte sie Zuflucht bei Mutter. Dort war ihr Zuhause, dort fühlte sie sich geborgen.

Ich betete für sie, flüsterte ihr Mut zu, erzählte ihr über mein Leben danach und über die wunderschöne Colonia Esperanza. Wir hatten Zeit für die Vorbereitung bekommen.

Auch wenn sie währenddessen einige Operationen und Krankenhausaufenthalte hatte, war sie besonnen und sehr, sehr tapfer. So halfen wir uns gegenseitig. Ihre Tapferkeit beruhigte mich; es war ein Beweis dafür, dass sie meine Zuwendung annehmen konnte.

Sie entkörperte Ende September 2012 und wurde liebevoll in einer Kolonie aus dem asiatischen Raum aufgenommen. Sie lebt noch dort, aber ich weiß, dass sie ihrem Wunsch entsprechend, in eine Kolonie im brasilianischen Gebiet wechseln wird, sobald sie stabil genug ist.

Auch dies ist eine großartige Erfahrung in meinem unendlichen Leben.

Ob wir uns treffen werden? Sicherlich, eines Tages.

Die Belohnung

Irgendwann kehrte die Ruhe auch in Colonia Esperanza zurück. Die letzte Zeit – ob Monate oder Jahre, kann ich nicht sagen – war eine anstrengende Zeit in meiner Entwicklung. Das Fortkommen ist eine Sprungfeder, die uns erst einmal hinunter in die Lernprozesse drückt. Sie presst uns in die Auseinandersetzung mit uns selbst, mit unserer Vergangenheit, mit unserem Unwissen und Verdrängung, um uns dann höher zu katapultieren. Für diese Zeit bin ich sehr dankbar, denn seit ich hier bin, habe ich mich mehr verändert als in meinem ganzen Leben auf der Erde. Ich genieße die Ruhe. Das Leben läuft ohne Aufregung mühelos weiter. Ich arbeite weiter in der Schreinerwerkstatt und überall dort, wo ich gebraucht werde.

Neulich, bei einer Gesprächsrunde im Park mit meinen engsten Freunden, als wir wieder die Sterne beobachteten, machten sie mich auf die Farbe meines Gewandes aufmerksam:

„Schau doch wie es leuchtet!"

Tatsächlich waren die Farben heller, zarter, leuchtender. Ich freute mich sehr über diese Entdeckung. Ich war zufrieden mit mir und mit allem, was mein Leben ausmacht. Nur einen Wunsch hatte ich noch: Ich wollte Schreiben bzw. Übertragen lernen.

Seit ich zum erstenmal die Kunstwerkstatt besucht und gesehen habe, wie schön und wichtig die dort geleistete Arbeit ist, ließ mich dieser Wunsch nicht mehr los. In diesen Gedanken versunken entfernte ich mich innerlich von dem Gespräch, bis Mauricio – mein bester Freund – mich ansprach:

„Hallo! Wo bist du gerade? Nimmst du mich auf deine Reise mit?", fragte er lächelnd und rückte näher.

Ich erklärte ihm, dass meine Reise in die Kunstwerkstatt führte und erzählte ihm von meinem Wunsch zu schreiben.

„Das Schreiben als Therapie brauchst du doch nicht", sagte er verwundert. „Oder habe ich etwas übersehen?"

„Nein", antwortete ich zögerlich, „als Therapie brauche ich das Schreiben nicht. Ich möchte meiner irdischen Familie meine Erfahrungen aus dieser Ebene des Lebens mitteilen, um ihnen die

Angst und die Irrtümer durch irreführende Belehrungen über den Tod zu nehmen. Ich möchte ihnen sagen, wie wunderschön es ist an Abenden, wie heute, mit Freunden im Park zu sitzen, über Gott und Welt zu sprechen und an unsere universellen Verwandte liebevolle Gedanken zu senden. Ich möchte ihnen sagen, dass Gott – die alles erschaffende Kraft – uns niemals verlässt; und, vor allem, dass es keine Bestrafung gibt. Das kann ich am besten, wenn ich über meine Erfahrung berichte."

Mauricio erklärte mir, dass Übertragungen solcher Art nicht jedem Bewohner der geistigen Welt gestattet werden. Um den Kummer der Angehörigen nehmen zu wollen, möchten die meisten sich mitteilen. Viele dürfen kurze Botschaften übermitteln oder durch den Betreuer übermitteln lassen. Doch die meisten Menschen auf der Erde sind nicht fähig, diese zu empfangen – hauptsächlich weil sie an sich selbst zweifeln. Es würde ihnen und dem Verstorbenen besser gehen, wenn sie ihn zu einer Reise verabschieden würden mit der Gewissheit des Wiedersehens.

„Genau darüber möchte ich schreiben, Mauricio! Über unsere Gespräche, über die Erfahrungen, die wir miteinander gemacht haben. Verstehst du?"

Mauricio legte sein Arm um meine Schulter und zeigte eine verständnisvolle Mimik.

Ich holte tief Luft und widmete meine Gedanken an den blauen Stern, der mit den anderen um die Wette funkelte.

Ein paar Tage später überraschte mich die Nachricht, ich sollte mich in der Kunstwerkstatt vorstellen.

„Dieser Mauricio!", dachte ich voller Freude und Dankbarkeit.

Neugierig gespannt traf ich zur vereinbarten Stunde ein und lernte Manu kennen.

Manu ist eine sehr interessante Gestalt. In ihrem leuchtend weißen Gewand bewegt sie sich so leicht wie eine Elfe; und doch, wenn man sie etwas länger kennt, hat sie eine sehr männliche Art. Sie ist tatsächlich eine Mischung von beiden. Für mich steht ihre Weiblichkeit im Vordergrund, daher ist sie eine *sie*; andere nehmen eher ihre männlichen Eigenschaften wahr, so dass aus der *sie* ein *er* wird. Gewöhnungsbedürftig. Doch Manu meistert diese unterschiedliche Wahrnehmung mit großer Klasse.

„Also, du möchtest die Kunst der Übertragung erlernen, stimmt's?", fragte sie mich auf eine Art, die mich etwas einschüchterte.

„Ja!", antwortete ich leise und fragte mich, ob es eine gute Idee gewesen ist, vorbei gekommen zu sein.

„Das klingt aber nicht überzeugend!", sagte sie energisch.

In dem Moment war ich mir sicher, dass es ein Fehler gewesen ist überhaupt an Übertragung zu denken. Ich war noch nicht bereit, diese Herausforderung anzunehmen; es beängstigte mich.

„Wenn du dich bei der ersten Schwierigkeit entmutigen lässt, dann wird es nichts mit Schreiben, noch weniger mit dem Übertragen", sagte sie. Sanft wie eine große Schwester fügte hinzu: „Und schon gar nichts mit uns, denn ich darf es dir beibringen."

Jetzt wollte ich fliehen – fliehen zu meinen verständnisvollen Freunden, wo ich mich in Sicherheit und Vertrautheit wiegen konnte. Aber ich war wie angeklebt, gefesselt an diesem Stuhl, vor dieser unheimlichen Frau. Sie fragte mich und ich erzählte ihr mein Vorhaben. Im Verlauf des Gesprächs veränderte sie sich, oder ich mich, oder meine Wahrnehmung. Sie war doch nicht so furchterregend wie ich dachte – im Gegenteil, sanft aber direkt.

Wieder wurde ich mit meinen Ängsten konfrontiert. Auch wenn ich dachte, ich hätte dieses Hindernis schon längst überwunden, musste ich feststellen, dass immer noch eine Prise ängstlicher Unsicherheit in mir lebte. Als ich dies erkannte, nahm meine Sicherheit zu, und das Gespräch wurde erbauend und erfolgreich.

Manu erklärte und zeigte mir die Techniken der Übertragung von Bildern und Sprache. Wir besuchten die Übertragungsräume und beobachteten die Künstler bei ihrer Arbeit. Die Möglichkeiten sind breitgefächert. Die Übertragung von der geistigen in die materielle Welt ist immer eine bewusste, das heißt, es gibt einen Grund, warum der geistige Bruder oder die Schwester Bilder, Sprache oder Musik an einen Empfänger auf der Erde übermittelt, meist aus Therapeutischen- oder Aufklärungszwecken. Im Gegensatz dazu, findet der Empfang bewusst oder unbewusst statt. Unbewusst hauptsächlich durch Menschen, die sich zum Malen, Schreiben oder zur Musik hingezogen fühlen, zumal ihre Intuition der Auslöser dafür ist; bewusst, durch Menschen, die die geistige Ebene des Lebens und den stattfindenden Austausch zwischen beide Welten anerkennen und sich bewusst als Mittler, als Bindeglied zur Verfügung stellen.

An manchen Tagen wurde das Übertragungsgerät eingeschaltet, und Manu zeigte mir die unterschiedlichen Formen des Empfangs. Auf dieser Ebene malte eine junge Frau ein Bild; eine Landschaft aus ihrer Erinnerung an einem schönen Sommertag in einem ihrer Leben auf der Erde. Auf dem Übertragungsgerät sahen wir, wie ein Maler vor seiner Leinwand stand und auf Inspiration wartete. Er überlegte, blätterte ein paar Zeitschriften, legte sie wieder auf dem Stapel. Er ging zurück zu seiner Leinwand, schloss die Augen, strich mit beiden Händen über das Gesicht. Plötzlich suchte er die Farben aus, stellte sie bereit und begann zu malen. Strich für Strich malte er das Bild, was neben uns auch gemalt wurde.

„Hier sehen wir ein Beispiel für einen unbewussten Empfang. Der Künstler wird von unserer Schwester inspiriert ihre Erinnerung zu malen, denn er selbst kennt diese Landschaft nicht", erklärte Manu. „Im nächsten Beispiel zeige ich dir einen bewussten Empfang. Dafür müssen wir in die Schreibwerkstatt wechseln."

Dort saßen einige Brüder und Schwestern und hielten Zettel in ihren Händen. Einige konzentrierten sich auf ihre Schwingungen; andere lasen ihre Notizen; noch andere übertrugen ihre Gedanken.

Manu wandte sich zu einem Bruder, der eine leuchtende Robe trug, und fragte ihn, ob wir bei seiner Übertragung dabei sein könnten. Mit seiner

Zustimmung schaltete sie das Gerät ein, so dass wir Empfänger und Sender beobachten konnten.

Auf dem Monitor sah ich eine schlafende Frau.

„Es ist Nacht auf der Erde", sagte Manu, „die beste Zeit für unsere dortige Schwester die Botschaft unseres hiesigen Bruders zu empfangen, denn sie wird vom Verstand nicht beeinflusst. Schau was jetzt passiert."

Der hiesige Bruder rief sie leise: „Schwester, ich bin es; ich möchte dir etwas sagen. Kannst du es aufschreiben?"

Die schlafende Frau auf dem Monitor drehte sich hin und her im Bett. Im Halbschlaf und ohne alle Sinne geweckt zu haben, stand sie auf, nahm Papier und Stift, setzte sich an den Tisch und schrieb. Als die Übertragung abgeschlossen war, ging sie zu Bett und schlief weiter.

„Das ist aber auch ein Beispiel von einer unbewussten Übertragung, oder?", fragte ich.

„Nein, es ist eine bewusste", antwortete Manu und fügte hinzu:

„Beide Partner sind einen Kompromiss eingegangen, dass die Übertragung derart stattfindet. Frei von externen Einflüssen, kann die Frau die Worte des Senders deutlicher empfangen und aufschreiben."

„Aber warum kann sie die Botschaft nicht am Morgen aufschreiben, wenn sie natürlich wach wird?"

„Weil sie befürchtet, Teile zu vergessen, oder unter dem Einfluss des Verstandes, falsch darzustellen. Hier haben wir wieder einen Fall von Selbstzweifel. Im wachen Zustand ist die Schwester noch nicht soweit, dass sie zwischen ihren und *fremden* Gedanken unterscheiden kann. Je enger die Bindung und das Vertrauen zu ihrem geistigen Bruder und Lehrer, desto besser lernt sie zu unterscheiden. Wenn es soweit ist, wird sie selbst entscheiden, wann und wie die Übertragung stattfinden kann."

Die Erfahrungen in der Kunstwerkstatt waren Ziele, die ich mir gestellt hatte und erreichen wollte. Doch zunächst musste ich lernen, meine Gedanken ordentlich aufzuschreiben, nicht sprunghaft sondern fließend, damit man mich auf der Erde verstehen kann.

Im geistigen Raum ist die Geschwindigkeit der Kommunikation um ein Vielfaches höher als auf einer materiellen Welt. Sie findet statt indem Sprache und Bilder kombiniert werden. Gegenstände werden hauptsächlich in Bildern gesprochen. Zum Beispiel, wenn ich sagen will: „stell das Glas auf dem Tisch", erscheint im Kopf meines Gesprächspartners ein Bild, welches dies darstellt. So werden kurze Sätze schneller und unmissverständlich ausgesprochen. Nun musste ich lernen zurück zu schalten und die gesprochene Sprache einzusetzen. Ich übte überall und zu jeder möglichen Zeit.

Die zweite große Hürde war, alle Mitglieder meiner irdischen Familie auf ihre Empfangsbereitschaft zu prüfen. Ich war bereit, alles zu lernen und aus dieser Sicht heraus war ich mir so sicher, dass mein Wunsch in Erfüllung gehen würde, dass ich die Bereitschaft anderer nicht bedacht hatte. Auf der Suche nach dem passenden Empfänger musste ich feststellen, dass keiner geeignet war. Sie empfingen durchaus meine Botschaft, doch hatten nicht das Vertrauen sich selbst zu glauben, dass sie von mir war. Am leichtesten fand der Empfang statt, wenn der Körper ruhte und die Seele frei von Einflüssen des Verstandes war. Wir konnten uns sogar unterhalten, und ich freute mich sehr darüber. Doch, wenn die Nacht vorüber ging, wurde alles als ein schöner Traum abgewertet und nicht mehr darüber nachgedacht. Ich war richtig frustriert mit dem Ergebnis der Experimente, doch übte fleißig weiter.

„Wenn kein Familienmitglied mich wahrnimmt, wird bestimmt ein Mitglied der Kirchengemeinde es tun", dachte ich voller Hoffnung.

Doch die Zeit verging und keiner wurde gefunden, der meine Gedanken nicht als seine verstand.

Eines Tages kam Manu mit strahlenden Augen und breitem Grinsen im Gesicht.

„Ich habe jemand gefunden!", jubelte sie. „Es ist deine Nichte in Deutschland!", fügte sie hinzu und tänzelte um mich herum.

In diesem Moment konnte ich nichts mit ihrer Aussage anfangen, und schon gar nicht ihre überschwängliche Freude verstehen.

Sie erklärte, sie habe ihre Spürsinne verstärkt eingesetzt und erfahren, dass meine Nichte A. sich zu einer Frau mit gutem Verständnis für die geistige Welt entwickelt hat. Zu ihrer Entwicklung gehört auch die bewusste Kommunikation mit der anderen Ebene des Lebens, auf die sie derweil intensiv vorbereitet wird.

„Mach nicht so ein Gesicht! Ich dachte, du würdest dich mindestens genauso freuen wie ich", sagte Manu etwas irritiert. „Sie hat noch einiges zu lernen, aber ich vertraue meinen höheren Brüdern und Schwestern, die sich ihrer Ausbildung widmen. Wir müssen nur etwas Geduld haben. Du übst hier, und sie dort; und bald werden wir euch verbinden."

Manu's Freude konnte ich nicht verstehen, zumal mein Vorhaben sich schwieriger gestaltete als je gedacht. Es kam alles anders als geplant, und ich war mir nicht mehr sicher, ob ich es überhaupt noch wollte. In meiner Vorstellung war alles sehr einfach. Ich dachte, ich schreibe meine Gedanken auf, beschreibe die Welt in der ich lebe und flüstere sie ins Ohr eines meiner Lieben. So würde ich ihnen einen Einblick in die geistige Welt schenken. Im Grunde wollte ich ihnen nur sagen, dass ich ein reges Leben nach meinem Tod führe und nicht einfach auf eine Wolke schwebe und mich langweile oder im Feuer der Hölle schmore.

Nun befand ich mich mittendrin, mit einer hochmotivierten Manu an meiner Seite, die mich ermutigte nicht aufzugeben.

„Es ist alles zu kompliziert", sagte ich enttäuscht.

„Von wegen kompliziert!", erwiderte sie. „Es ist lediglich eine organisatorische Herausforderung. Wozu sind wir hier, wenn nicht um Herausforderungen anzunehmen?" fragte sie mich ohne wirklich eine Antwort zu erwarten. Ich schaute sie nur an und schüttelte abwehrend den Kopf, doch Manu blieb hartnäckig.

An diesem Tag verließ ich die Kunstwerkstatt voller Zweifel, und doch staunte ich über die Windungen des Lebens auf allen Ebenen – der geistigen und der materiellen.

„Wenn ich diesen Wunsch nicht hätte, würde ich A. nicht wieder begegnen", dachte ich. „Auch nicht, wenn sich in meiner Familie jemand fände, der meine Botschaft empfangen könnte."

Schon wieder überraschte mich das Lebens-puzzle mit einem weiteren passenden Teilchen. Langsam konnte ich erahnen, was der Plan Gottes bedeutet. Wir Menschen sind wie kleine Küken, die das individuelle lebensgebende Ei gesprengt haben, als wir geistig geboren wurden. Unsere Lebensaufgabe ist jedes auch so kleine Teilchen der Schale zu finden und zusammenzuführen. Jedes einzelne Stückchen gibt uns ein Teil unserer göttlichen Einzigartigkeit zurück; und am Ende erreichen wir die Vollkommenheit. So gestaltet sich unser Weg ins vollkommene Licht, in dem wir die Teilchen unserer Einzigartigkeit finden und zusammensetzen.

Mir wurde deutlich, wie die geistige und die materielle Welt voneinander abhängig ist. Ohne die Bereitschaft der Menschen im materiellen Körper können Menschen im geistigen Körper sich der Welt nicht mitteilen. Den Austausch brauchen beide Ebenen des Lebens, um die Entwicklung voran zu treiben. Ein Empfänger ohne Sender ist genauso wirkungslos wie ein Sender ohne Empfänger.

Manu ermutigte und überzeugte mich meine Abhängigkeit von A. zu akzeptieren, zumal sie eine Erlösung auf beiden Seiten bedeuten würde. So übte ich nach Möglichkeit, klare Gedanken zu formulieren und Bilder in Worte zu kleiden, während auf der Erde A. zunächst auf den bewussten Empfang von Bildern vorbereitet würde, um später auch Sprache empfangen zu können.

In dem Austausch zwischen den Ebenen des Lebens liegt die größte Schwierigkeit beim Empfänger; ganz besonders in der Unterscheidung zwischen eigenen und fremden Gedanken. Nur gute Anleitung aus höheren geistigen Kreisen und Übung bringt ein gesegnetes Ergebnis auf beiden Seiten. Dadurch, dass ein Empfänger, wie ein Radio, verschiedene Wellenlängen empfangen kann – so auch die von Entkörperten aus der näheren Umgebung – ist es zum eigenen Schutz wichtig, diese zu unterscheiden. Besonders vorsichtig sollte er sein, wenn es um Voraussagungen, Zukunftsdeutungen oder konkrete Informationen über die Wiedergeburt eines Menschen, womöglich mit Angabe von Datum, Ort, Namen etc. geht. Von derartigen Informationen sollte ein Empfänger Abstand halten und die höheren Brüder und Schwestern um Schutz bitten.

Immer wenn Manu über die Ernsthaftigkeit eines Vorhabens wie das meine sprach, veränderte sie sich so, dass ich das Gefühl hatte, ihre Augen konnten tief in mein Wesen hinein schauen.

„Das, was wir hier machen", sagte sie ernst und legte ihre ganze Leichtigkeit ab, „ist kein Spiel wie Gläserrücken, Kettenziehen oder Spuken. So etwas wird von Entkörperten verursacht, die nicht ins Licht gegangen sind. Sie wollen auf sich aufmerksam machen. Diese Menschenseelen brauchen unsere Hilfe, denn sie sollten ins Licht kommen und nicht auf der Erde verweilen. Sie brauchen auch die Hilfe der verkörperten Menschen auf der Erde, denn ein kurzes inniges Gebet kann definitiv Wunder bewirken."

Manu erklärte mir, dass nicht allen Bewohnern der geistigen Welt erlaubt wird, umfangreiche Informationen an die materielle Welt zu senden. Jeder darf kurze Botschaften Angehörigen zukommen lassen, wenn es der eigenen Entwicklung bzw. Heilung dient. Aber nur wenigen ist es erlaubt, längere Beschreibungen zum Zweck der Aufklärung zu übermitteln.

Nach dieser Erläuterung fühlte ich mich sehr geehrt.

„Manu", sagte ich, „ich war kein guter Mensch auf der Erde. Nicht von der schlimmsten

Sorte, aber ich war sehr ungerecht und aggressiv; ich habe Menschen misshandelt mit Worten, mit Ablehnung, manchmal auch mit Fäusten. Ich war cholerisch und alles andere als der gute Nachbar von nebenan. Und trotzdem wurde ich ins Licht getragen, gepflegt, behandelt, betreut, in Liebe aufgenommen und eingebettet. Und zur Belohnung bekomme ich nun das Geschenk, meine Geschichte erzählen zu dürfen. Doch Gottes Plan führt mich nun zu einem Menschen, dem ich viel Unrecht getan habe. Wie wird A. reagieren, wenn sie von unserem bzw. meinem Vorhaben erfährt?"

Manu schaute mich an, als hätte sie dieses Geständnis schon länger von mir erwartet und schenke mir ein paar Sekunden Reflexion.

„Wir arbeiten daran!", erwiderte sie. „Konzentrier dich auf das Wesentliche. Um alles andere kümmern sich höhere Mächte."

Später berichtete mir Manu über deinen Widerstand, A., du fühltest dich von der Vergangenheit nicht genug losgelöst um ungehindert empfangen zu können. Deine erste Reaktion war Ablehnung.

„Das war zu erwarten! Doch man darf den Einsatz höherer Mächte nicht unterschätzen", sagte Manu humorvoll und brachte ihre ganze Schönheit zum leuchten. „Es hat etwas Vorbereitung gekostet, aber schließlich willigte sie ein, bei diesem Projekt mitzuwirken."

Als Manu mir diese Nachricht überbrachte, konnte ich meine Tränen nicht zurückhalten. Freudig gespannt wartete ich auf Manus Freigabe und stellte mir meine Reaktion vor auf die Worte: „Es geht los!".

Am siebenundzwanzigsten Juli, Tag meines irdischen siebenundsiebzigsten Geburtstags war es soweit. Du und ich saßen uns gegenüber in einem Raum zwischen Himmel und Erde. Beide strahlten ein seltsames Gefühl von Vorbehalt und Freude aus und hatten im Inneren die Sicherheit – es wird alles gut!

Heute treffen wir uns zum letzten Mal für dieses Projekt. Nein, ohne Wehmut; ganz im Gegenteil. Wir verabschieden uns mit der Freude zweier Menschen, die eine gemeinsame Reise unternahmen, Freunde geworden sind und viel voneinander gelernt haben. Du, durch meine Beschreibung, ich durch dein offenes Herz.

Aus dem Wunsch, meiner Familie eine Botschaft zu schicken, in der ich in erster Linie meine tiefste Reue eröffne und um Verständnis und Vergebung für meine Fehler bitte, ihnen die Angst vor dem Tod zu nehmen versuche und ihnen die Schönheit der Welt, in der ich lebe offenbare, wur-

147

de eine Schrift von vielen Seiten. Dies verdanke ich der Zustimmung meiner Lehrer, Betreuer und Wegweiser von dieser Seite des Lebens und nicht zuletzt der guten Zusammenarbeit mit dir A. Nicht auszuschließen ist, dass wir uns bald wieder begegnen, sofern der Plan Gottes dies vorsieht unter Zustimmung unseres freien Willens.

Doch das Wesentliche dieser Reise war, zu lernen und zu erfahren, dass Vergebung im Herzen und nicht im Verstand stattfindet... unabhängig, auf welcher Ebene des Lebens wir uns befinden.

.